Azijatski Okusi
Putovanje Kroz Vijetnamsku i Kinesku Kulinarsku Baštinu

Linh Chen

Sadržaj

Začinjena pirjana svinjetina 9
svinjska peciva kuhana na pari 10
svinjetina sa kupusom 12
Svinjetina sa kupusom i rajčicama 14
Marinirana svinjetina sa kupusom 15
Svinjetina sa celerom 17
Svinjetina s kestenom i gljivama 18
svinjski odrezak 18
jelo od svinjetine 21
Pečena svinjska hrana Mein 23
Svinjetina s ajvarom 24
svinjetina s krastavcima 25
Paketi hrskave svinjetine 26
Rolice od svinjskih jaja 27
Rolice od jaja od svinjetine i škampa 28
Pirjana svinjetina s jajima 29
goruća svinja 30
prženi svinjski odrezak 31
Svinjetina s pet začina 32
Mirisna pržena svinjetina 33
Mljevena svinjetina s češnjakom 34
Pečena svinjetina s đumbirom 35
Svinjetina sa zelenim grahom 36
Svinjetina sa šunkom i tofuom 37
Pirjani svinjski ražnjići 39
Pečena svinjska lopatica s crvenim umakom 40
marinirana svinjetina 42
Marinirani svinjski kotleti 43
svinjetina s gljivama 44
knedle kuhane na pari 45
Crvena pečena svinjetina sa šampinjonima 46

Palačinka sa svinjskim rezancima 47
Svinjetina i škampi s palačinkom s rezancima 48
Svinjetina s umakom od kamenica 49
kikiriki svinjetina 50
svinjetina s paprom 52
Začinjena svinjetina s kiselim krastavcima 53
Svinjetina s umakom od šljiva 54
Svinjetina sa škampima 55
crvena kuhana svinjetina 56
Svinjetina s crvenim umakom 57
Svinjetina s rižinim rezancima 59
bogate svinjske okruglice 61
pečeni svinjski kotlet 62
začinjena svinjetina 63
Skliske svinjske kriške 65
Svinjetina sa špinatom i mrkvom 66
svinjetina kuhana na pari 67
svinjetina pržena u tavi 68
Svinjetina sa slatkim krumpirom 69
slatka i kisela svinjetina 70
slana svinjetina 72
svinjetina s tofuom 73
pečena svinjetina 74
dva puta kuhana svinjetina 75
Svinjetina s povrćem 76
Svinjetina s lješnjacima 78
svinjske okruglice 79
Svinjetina s vodenim kestenima 80
Wontons od svinjetine i škampa 81
mljeveno meso kuhano na pari 82
Baby Ribs s umakom od crnog graha 84
rebarca na žaru 86
pečena javorova rebra 87
pržena svinjska rebra 88
Rebra s porilukom 89
Rebra gljiva 91

Narančasta rebra 92
rebra ananasa 94
Hrskava rebarca od kozica 96
Rebarca s rižinim vinom 97
Sezamova rebra 98
Slatka i blaga rebarca 100
Pirjana rebra 102
Rebra s rajčicama 103
svinjetina na žaru 105
Hladna svinjetina sa senfom 106
svinjetina na kineski način 107
svinjetina sa špinatom 108
pržene svinjske okruglice 109
Rolice od jaja od svinjetine i škampa 110
svinjetina kuhana na pari 112
Pirjana svinjetina s mesom rakova 113
Svinjetina s klicama graha 114
Jednostavno prženje piletine 115
Piletina s umakom od rajčice 117
piletina s rajčicom 118
Piletina s pirjanom rajčicom 119
Piletina i rajčice s umakom od crnog graha 120
Brzo kuhana piletina s povrćem 121
piletina s lješnjacima 122
oraha piletina 123
Piletina s vodenim kestenima 124
Slana piletina s vodenim kestenima 125
pileće okruglice 127
hrskava pileća krilca 128
Pileća krilca s pet začina 129
Marinirana pileća krilca 130
Kraljevska pileća krilca 132
Začinjena pileća krilca 134
Pileći bataci na žaru 135
Hoisin pileća zabatka 136
pržena piletina 137

hrskavo pržena piletina 138
Cijelo prženo pile 140
pet začina piletina 141
Piletina s đumbirom i vlascem 143
Kuhana piletina 144
Crveno pečeno pile 145
Pikantna crvena pečena piletina 146
Piletina sa sezamom na žaru 147
piletina u soja umaku 148
piletina kuhana na pari 149
Piletina kuhana na pari s anisom 150
piletina čudnog okusa 151
hrskavi komadići piletine 152
Piletina sa zelenim grahom 153
Pečena piletina s ananasom 154
Piletina s paprikom i rajčicama 155
Piletina sa sezamom 156
prženi poussini 157
Türkiye s Mangetoutom 158
puretina s paprom 160
kineska pečena purica 162
puretina s orasima i gljivama 163
bambus izdanak patka 164
patka s klicama graha 165
kuhana patka 165
Patka kuhana na pari s celerom 166
patka od đumbira 167
Patka sa zelenim grahom 169
pečena patka na pari 171
Patka s egzotičnim voćem 172
Pečena patka s kineskim lišćem 174
pijana patka 175
pet začina patka 176
Patka pečena na tavi s đumbirom 177
Patka sa šunkom i porilukom 178
pečena patka s medom 179

mokra pečena patka 180
Pečena patka sa gljivama 182
patka s dvije gljive 184
Pečena patka s lukom 185
patka s narančom 187
pečena patka s narančom 188
Patka s kruškama i kestenima 189
pekinška patka 190
Kuhana patka s ananasom 193
Patka na soju s ananasom 194
ananas đumbir patka 196
Patka s ananasom i ličijem 197
Patka sa svinjetinom i kestenjem 198
patka s krumpirom 199
Crvena kuhana patka 201
Pečena patka u vinu od riže 202
Patka kuhana na pari s rižinim vinom 203
usoljena patka 204
Slana patka sa zelenim grahom 205
sporo kuhana patka 207
pirjana patka 209
patka sa slatkim krumpirom 210
slatko-kisela patka 212
patka mandarina 214
patka s povrćem 214
Patka na soju s povrćem 216
Bijela Pečena Patka 218
patka s vinom 219

Začinjena pirjana svinjetina

za 4 osobe

450 g / 1 lb svinjetine, narezane na kockice

sol i papar

30 ml / 2 žlice soja umaka

30 ml / 2 žlice hoisin umaka

45 ml / 3 žlice ulja od kikirikija (kikiriki)

120 ml / 4 fl oz / ½ šalice rižinog vina ili suhog šerija

300 ml / ½ pt / 1¼ šalice pileće juhe

5 ml / 1 žličica pet začina u prahu

6 mladog luka (mladi luk), nasjeckanog

225 g bukovača, narezanih na ploške

15 ml / 1 žlica kukuruznog brašna (kukuruzni škrob)

Meso posolite i popaprite. Stavite na tanjur i pomiješajte soja umak i hoisin umak. Pokrijte i ostavite da se marinira 1 sat. Zagrijte ulje i pržite meso dok ne porumeni. Dodajte vino ili šeri, juhu i prah od pet začina, zakuhajte, poklopite i kuhajte na laganoj vatri 1 sat. Dodajte mladi luk i gljive, maknite poklopac i kuhajte još 4 minute. Kukuruzni škrob pomiješajte s malo vode, zakuhajte i kuhajte uz miješanje 3 minute dok se umak ne zgusne.

svinjska peciva kuhana na pari

prije 12

30 ml / 2 žlice hoisin umaka

15 ml / 1 žlica umaka od kamenica

15 ml / 1 žlica sojinog umaka

2,5 ml / ½ žličice sezamovog ulja

30 ml / 2 žlice ulja od kikirikija

10 ml / 2 žličice naribanog korijena đumbira

1 češanj protisnutog češnjaka

300 ml / ½ točke / 1¼ čaše vode

15 ml / 1 žlica kukuruznog brašna (kukuruzni škrob)

225g/8oz kuhane svinjetine, sitno nasjeckane

4 mladog luka (mladi luk), sitno nasjeckanog

350 g / 12 oz / 3 šalice glatkog brašna (višenamjenskog)

15 ml / 1 žlica praška za pecivo

2,5 ml / ½ žličice soli

50 g / 2 oz / ½ šalice svinjske masti

5 ml / 1 žličica vinskog octa

Kvadrati od voštanog papira 12 x 13 cm

Pomiješajte umak od grožđa, kamenica i soje sa sezamovim uljem. Zagrijte ulje i popržite đumbir i češnjak dok lagano ne porumene. Dodajte mješavinu umaka i pržite 2 minute. Pomiješajte 120 ml / 4 fl oz / ½ šalice vode s kukuruznim brašnom i promiješajte u tavi. Zakuhajte, miješajte pa kuhajte dok se smjesa ne zgusne. Dodajte svinjetinu i luk i ostavite da se ohladi.

Pomiješajte brašno, prašak za pecivo i sol. Utrljajte mast dok smjesa ne nalikuje finim krušnim mrvicama. Pomiješajte vinski ocat i preostalu vodu, pa pomiješajte s brašnom i zamijesite čvrsto tijesto. Lagano premijesite na pobrašnjenoj površini, pokrijte i ostavite da odstoji 20 minuta.

Tijesto ponovo premijesite pa ga podijelite na 12 dijelova i svaki razvaljajte u kuglu. Na pobrašnjenoj površini razvaljajte krugove od 15 cm/6 inča. Stavite nadjev u sredinu svakog kruga, premažite rubove vodom i stisnite rubove kako biste zatvorili nadjev. Premažite uljem jednu stranu svakog kvadrata papira za pečenje. Stavite svaku kiflicu, šavom prema dolje, na papirnati kvadrat. Rasporedite pogačice u jednom sloju na rešetku kuhala na pari iznad kipuće vode. Poklopite i kuhajte na pari dok se lepinje ne ispeku, oko 20 minuta.

svinjetina sa kupusom

za 4 osobe

6 suhih kineskih gljiva

30 ml / 2 žlice ulja od kikirikija

450 g / 1 lb svinjetine, narezane na trakice

2 narezana luka

2 crvene paprike narezane na trakice

350g/12oz bijelog kupusa, nasjeckanog

2 češnja nasjeckanog češnjaka

2 komada nasjeckanog korijena đumbira

30 ml / 2 žlice meda

45 ml / 3 žlice soja umaka

120 ml / 4 fl oz / ½ šalice suhog bijelog vina

sol i papar

10 ml / 2 žličice kukuruznog brašna (kukuruzni škrob)

15 ml / 1 žlica vode

Gljive namočite u toploj vodi 30 minuta, zatim ocijedite. Bacite peteljke i odrežite vrhove. Zagrijte ulje i pržite svinjetinu dok ne porumeni. Dodajte povrće, češnjak i đumbir te pržite 1 minutu. Dodati med, sojin umak i vino, prokuhati, poklopiti i kuhati 40 minuta dok se meso ne skuha. Posolite i popaprite. Pomiješajte kukuruzno brašno i vodu i stavite u lonac. Zakuhajte uz stalno miješanje i kuhajte 1 minutu.

Svinjetina sa kupusom i rajčicama

za 4 osobe

30 ml / 2 žlice ulja od kikirikija

450 g/1 lb nemasne svinjetine, narezane na ploške

sol i svježe mljeveni crni papar

1 češanj protisnutog češnjaka

1 sitno nasjeckani luk

½ kupusa, nasjeckanog

450 g / 1 lb rajčice, oguljene i narezane na četvrtine

250 ml / 8 tečnih oz / 1 šalica temeljca

30 ml / 2 žlice kukuruznog brašna (kukuruzni škrob)

15 ml / 1 žlica sojinog umaka

60 ml / 4 žlice vode

Zagrijte ulje i popržite svinjetinu, sol, papar, češnjak i luk dok lagano ne porumene. Dodajte kupus, rajčice i juhu, zakuhajte, poklopite i kuhajte 10 minuta dok kupus ne omekša. Pomiješajte kukuruzno brašno, sojin umak i vodu u pastu, umiješajte u tavu i kuhajte miješajući dok se umak ne razrijedi i zgusne.

Marinirana svinjetina sa kupusom

za 4 osobe

350g/12oz slanine

2 zelena luka (majka), nasjeckana

1 kriška korijena đumbira, nasjeckana

1 štapić cimeta

3 češnja anisa

45 ml / 3 žlice smeđeg šećera

600 ml / 1 bod / 2½ čaše vode

15 ml / 1 žlica ulja od kikirikija

15 ml / 1 žlica sojinog umaka

5 ml / 1 žličica pirea od rajčice (pasta)

5 ml / 1 žličica umaka od kamenica

100g/4oz bok choy srca

100g/4oz paketić choi

Svinjetinu narežite na 10 cm/4 komada i stavite u zdjelu. Dodajte vlasac, đumbir, cimet, zvjezdasti anis, šećer i vodu i ostavite 40 minuta. Zagrijte ulje, izvadite svinjetinu iz marinade i dodajte je u tavu. Pržite dok lagano ne porumene pa dodajte sojin umak, pire od rajčice i umak od kamenica. Pustite da zavrije i kuhajte dok svinjetina ne omekša i tekućina se smanji, oko 30 minuta, dodajući još vode tijekom kuhanja ako je potrebno.

U međuvremenu kuhajte na pari srca kupusa i pak choi u kipućoj vodi dok ne omekšaju, oko 10 minuta. Stavite ih na topli pladanj za posluživanje, na njih stavite svinjetinu i prelijte je umakom.

Svinjetina sa celerom

za 4 osobe

45 ml / 3 žlice ulja od kikirikija (kikiriki)
1 češanj protisnutog češnjaka
1 mladi luk (mladi luk), nasjeckan
1 kriška korijena đumbira, nasjeckana
225g/8oz nemasne svinjetine, narezane na trakice
100g/4oz celera, tanko narezanog
45 ml / 3 žlice soja umaka
15 ml / 1 žlica rižinog vina ili suhog šerija
5 ml / 1 žličica kukuruznog brašna (kukuruzni škrob)

Zagrijte ulje i popržite češnjak, mladi luk i đumbir dok lagano ne porumene. Dodajte svinjetinu i pržite 10 minuta dok ne porumeni. Dodajte celer i pržite 3 minute. Dodajte ostale sastojke i pržite 3 minute.

Svinjetina s kestenom i gljivama

za 4 osobe

4 sušene kineske gljive
100 g / 4 oz / 1 šalica kestena
30 ml / 2 žlice ulja od kikirikija
2,5 ml / ½ žličice soli
450 g/1 lb nemasne svinjetine, narezane na kocke
15 ml / 1 žlica sojinog umaka
375 ml / 13 tečnih oz / 1½ šalice pileće juhe
100g/4oz vodenih kestena, narezanih

Gljive namočite u toploj vodi 30 minuta, zatim ocijedite. Odbacite peteljke i prepolovite vrhove. Prokuhajte kestene u kipućoj vodi 1 minutu i ocijedite. Zagrijte ulje i sol pa pržite svinjetinu dok lagano ne porumeni. Dodajte soja umak i pržite 1 minutu. Dodajte juhu i prokuhajte. Dodajte kestene i vodene kestene, ponovno zakuhajte, poklopite i kuhajte dok meso ne omekša, oko 1 1/2 sat.

svinjski odrezak

za 4 osobe

100g/4oz izdanaka bambusa, narezanih na trakice

100g/4oz vodenog kestena, tanko narezanog

60 ml / 4 žlice ulja od kikirikija

3 mlada luka, nasjeckana

2 češnja protisnutog češnjaka

1 kriška korijena đumbira, nasjeckana

225g/8oz nemasne svinjetine, narezane na trakice

45 ml / 3 žlice soja umaka

15 ml / 1 žlica rižinog vina ili suhog šerija

5 ml / 1 žličica soli

5 ml / 1 žličica šećera

svježi crni papar

15 ml / 1 žlica kukuruznog brašna (kukuruzni škrob)

Mladice bambusa i kestene blanširajte u kipućoj vodi 2 minute, zatim ocijedite i osušite. Zagrijte 45 ml / 3 žlice ulja i popržite mladi luk, češnjak i đumbir dok lagano ne porumene. Dodajte svinjetinu i pržite 4 minute. Izvadite iz posude.

Zagrijte preostalo ulje i pržite povrće 3 minute. Dodajte svinjetinu, sojin umak, vino ili sherry, sol, šećer i prstohvat papra te kuhajte 4 minute. Kukuruzno brašno pomiješajte s malo vode, stavite u lonac i kuhajte na laganoj vatri miješajući dok se umak ne zgusne.

jelo od svinjetine

za 4 osobe

4 sušene kineske gljive

30 ml / 2 žlice ulja od kikirikija

2,5 ml / ½ žličice soli

4 mladog luka (zeleni luk), nasjeckanog

225g/8oz nemasne svinjetine, narezane na trakice

15 ml / 1 žlica sojinog umaka

5 ml / 1 žličica šećera

3 stabljike celera nasjeckane

1 luk, izrezan na ploške

100g/4oz gljiva, prepolovljenih

120 ml / 4 fl oz / ½ šalice pileće juhe

prženi rezanci

Gljive namočite u toploj vodi 30 minuta, zatim ocijedite. Bacite peteljke i odrežite vrhove. Zagrijte ulje i sol te popržite mladi luk dok ne omekša. Dodajte svinjetinu i pržite dok lagano ne porumeni. Pomiješajte soja umak, šećer, celer, luk te svježe i suhe gljive i pirjajte dok se sastojci dobro ne izmiješaju, oko 4 minute. Dodajte juhu i kuhajte 3 minute.

Dodajte pola rezanaca u tavu i lagano promiješajte, zatim dodajte preostale rezance i miješajte dok se ne zagriju.

Pečena svinjska hrana Mein

za 4 osobe

100g/4oz klica graha

45 ml / 3 žlice ulja od kikirikija (kikiriki)

100 g bok choya, nasjeckanog

225 g svinjskog pečenja, narezanog na kriške

5 ml / 1 žličica soli

15 ml / 1 žlica rižinog vina ili suhog šerija

Klice graha kuhajte u kipućoj vodi 4 minute, zatim ocijedite. Zagrijte ulje i popržite klice graha i kupus dok ne omekšaju. Dodajte svinjetinu, sol i sherry i pirjajte dok se ne zagrije. U tavu dodajte polovicu ocijeđenih rezanaca i lagano miješajte dok se ne zagriju. Dodajte preostale rezance i miješajte dok se ne zagriju.

Svinjetina s ajvarom

za 4 osobe

5 ml / 1 žličica pet začina u prahu

5 ml / 1 žličica curry praha

450 g / 1 lb svinjetine, narezane na trakice

30 ml / 2 žlice ulja od kikirikija

6 mladog luka (mladi luk), narezanog na trakice

1 stabljika celera, narezana na trakice

100g/4oz klica graha

1 staklenka od 200g/7oz kineski slatki kiseli krastavac, nasjeckani

45 ml / 3 žlice kiselog krastavca manga

30 ml / 2 žlice soja umaka

30 ml / 2 žlice pirea od rajčice (pasta)

150 ml / ¼ pt / izdašne ½ šalice pileće juhe

10 ml / 2 žličice kukuruznog brašna (kukuruzni škrob)

Temeljito utrljajte začine u svinjetinu. Zagrijte ulje i pržite meso 8 minuta ili dok ne bude pečeno. Izvadite iz posude. Dodajte povrće u tavu i pržite 5 minuta. Vratite svinjetinu u tavu sa svim preostalim sastojcima osim kukuruznog brašna. Miješajte dok se ne zagrije. U tavi pomiješajte kukuruzno brašno s malo vode i kuhajte na laganoj vatri dok se umak ne zgusne.

svinjetina s krastavcima

za 4 osobe

225g/8oz nemasne svinjetine, narezane na trakice
30 ml / 2 žlice glatkog brašna (višenamjenskog)
sol i svježe mljeveni crni papar
60 ml / 4 žlice ulja od kikirikija
225g/8oz krastavca, oguljenog i narezanog na ploške
30 ml / 2 žlice soja umaka

Svinjetinu pomiješajte s brašnom i začinite solju i paprom. Zagrijte ulje i pržite svinjetinu dok ne bude pečena, oko 5 minuta. Dodajte krastavac i soja umak i pržite još 4 minute. Provjerite i prilagodite začine i poslužite s prženom rižom.

Paketi hrskave svinjetine

za 4 osobe

4 sušene kineske gljive

30 ml / 2 žlice ulja od kikirikija

225g/8oz svinjskog lungića, narezanog na kockice (mljevenog)

50g/2oz škampa, oguljenih i nasjeckanih

15 ml / 1 žlica sojinog umaka

15 ml / 1 žlica kukuruznog brašna (kukuruzni škrob)

30 ml / 2 žlice vode

8 omota proljetne rolice

100 g / 4 oz / 1 šalica kukuruznog brašna (kukuruzni škrob)

Ulje za prženje

Gljive namočite u toploj vodi 30 minuta, zatim ocijedite. Bacite peteljke, a vrhove sitno nasjeckajte. Zagrijte ulje i pržite gljive, svinjetinu, škampe i soja umak 2 minute. Pomiješajte kukuruzno brašno i vodu dok ne dobijete tijesto i dodajte ga u smjesu kako biste napravili nadjev.

Zamotuljke narežite na trakice, na kraj svake stavite malo nadjeva i zarolajte ih u trokutiće posipajući ih s malo mješavine brašna i vode. Obilno pospite kukuruznom krupom.

Zagrijte ulje i pržite trokute dok ne postanu hrskavi i zlatnožuti. Dobro ocijedite prije posluživanja.

Rolice od svinjskih jaja

za 4 osobe

225g/8oz nemasne svinjetine, mljevene
1 kriška korijena đumbira, nasjeckana
1 nasjeckani mladi luk
15 ml / 1 žlica sojinog umaka
15 ml / 1 žlica vode
12 kora za rolat jaja
1 umućeno jaje
Ulje za prženje

Pomiješajte svinjetinu, đumbir, luk, soja umak i vodu. U sredinu svake kore staviti malo nadjeva, a rubove premazati razmućenim jajetom. Savijte rubove i zatim zarolajte roladu od jaja od sebe, zalijepite rubove jajetom. Kuhajte svinjetinu na rešetki u kuhalu za kuhanje na pari 30 minuta dok se ne skuha. Zagrijte ulje i pržite nekoliko minuta dok ne postane hrskavo i zlatno.

Rolice od jaja od svinjetine i škampa

za 4 osobe

30 ml / 2 žlice ulja od kikirikija
225g/8oz nemasne svinjetine, mljevene
6 mladog luka (mladi luk), nasjeckanog
225 g / 8 unci klica graha
100 g/4 oz oguljenih škampa, nasjeckanih
15 ml / 1 žlica sojinog umaka
2,5 ml / ½ žličice soli
12 kora za rolat jaja
1 umućeno jaje
Ulje za prženje

Zagrijte ulje i popržite svinjetinu i vlasac dok lagano ne porumene. U međuvremenu prokuhajte klice graha u kipućoj vodi 2 minute i ocijedite. U tavu dodajte klice graha i pirjajte ih 1 minutu. Dodajte škampe, soja umak i sol te pržite 2 minute. Neka se ohladi.

U sredinu svake kore stavite malo nadjeva, a rubove premažite razmućenim jajetom. Savijte rubove prema unutra i zatim zamotajte rolice od jaja, zalijepite rubove jajetom. Zagrijte ulje i pecite rolice od jaja dok ne postanu hrskave i zlatne.

Pirjana svinjetina s jajima

za 4 osobe

450g/1lb nemasne svinjetine
30 ml / 2 žlice ulja od kikirikija
1 kosani luk
90 ml / 6 žlica soja umaka
45 ml / 3 žlice rižinog vina ili suhog šerija
15 ml / 1 žlica smeđeg šećera
3 poširana (tvrdo kuhana) jaja

Lonac s vodom zakuhajte, dodajte svinjetinu, ponovno zakuhajte i kuhajte dok se ne ugasi. Izvadite iz posude, dobro ocijedite, pa narežite na kockice. Zagrijte ulje i pržite luk dok ne omekša. Dodajte svinjetinu i pržite dok lagano ne porumeni. Dodajte soja umak, vino ili sherry i šećer, poklopite i kuhajte 30 minuta uz povremeno miješanje. Lagano zarežite jaja izvana, zatim ih dodajte u tavu, poklopite i pecite još 30 minuta.

goruća svinja

za 4 osobe

450 g svinjskog lungića narezanog na trakice
30 ml / 2 žlice soja umaka
30 ml / 2 žlice hoisin umaka
5 ml / 1 žličica pet začina u prahu
15 ml / 1 žlica papra
15 ml / 1 žlica smeđeg šećera
15 ml / 1 žlica sezamovog ulja
30 ml / 2 žlice ulja od kikirikija
6 mladog luka (mladi luk), nasjeckanog
1 zelena paprika nasjeckana na sitne komadiće
200g / 7oz klica graha
2 kriške ananasa, nasjeckanog
45 ml / 3 žlice paradajz sosa (ketchup)
150 ml / ¼ pt / izdašne ½ šalice pileće juhe

Stavite meso u zdjelu. Pomiješajte soja umak, hoisin umak, pet začina u prahu, papar i šećer, prelijte preko mesa i marinirajte 1 sat. Zagrijte ulje i pržite meso dok ne porumeni. Izvadite iz posude. Dodajte povrće i pržite 2 minute. Dodajte ananas, umak od rajčice i juhu te pustite da zavrije. Vratite meso u tavu i zagrijte prije posluživanja.

prženi svinjski odrezak

za 4 osobe

350g / 12oz svinjskog lungića, narezanog na kockice
15 ml / 1 žlica rižinog vina ili suhog šerija
15 ml / 1 žlica sojinog umaka
5 ml / 1 žličica sezamovog ulja
30 ml / 2 žlice kukuruznog brašna (kukuruzni škrob)
Ulje za prženje

Pomiješajte svinjetinu, vino ili šeri, sojin umak, sezamovo ulje i kukuruzno brašno tako da svinjetina bude obložena gustom pastom. Zagrijte ulje i pržite svinjetinu dok ne postane hrskava, oko 3 minute. Svinjetinu izvadite iz tave, zagrijte ulje i ponovno pržite oko 3 minute.

Svinjetina s pet začina

za 4 osobe

225g/8oz nemasne svinjetine
5 ml / 1 žličica kukuruznog brašna (kukuruzni škrob)
2,5 ml / ½ žličice pet začina u prahu
2,5 ml / ½ žličice soli
15 ml / 1 žlica rižinog vina ili suhog šerija
20 ml / 2 žlice ulja od kikirikija
120 ml / 4 fl oz / ½ šalice pileće juhe

Svinjetinu narežite na tanke ploške. Pomiješajte svinjetinu s kukuruznim brašnom, prahom od pet začina, soli i vinom ili šerijem i dobro promiješajte da se svinjetina prekrije. Ostavite da odstoji 30 minuta, povremeno miješajući. Zagrijte ulje, dodajte svinjetinu i pržite oko 3 minute. Dodajte juhu, zakuhajte, poklopite i kuhajte 3 minute. Poslužite odmah.

Mirisna pržena svinjetina

6 do 8 osoba

1 kora mandarine

45 ml / 3 žlice ulja od kikirikija (kikiriki)

900 g / 2 lb nemasne svinjetine, narezane na kocke

250 ml / 8 tečnih oz / 1 šalica rižinog vina ili suhog šerija

120 ml / 4 fl oz / ½ šalice soja umaka

2,5 ml / ½ žličice anisa u prahu

½ štapića cimeta

4 zuba

5 ml / 1 žličica soli

250 ml / 8 fl oz / 1 čaša vode

2 zelena luka (majka), narezana na ploške

1 kriška korijena đumbira, nasjeckana

Prilikom pripreme jela koru mandarine namočite u vodi. Zagrijte ulje i pržite svinjetinu dok ne porumeni. Dodajte vino ili šeri, sojin umak, anis u prahu, cimet, klinčiće, sol i vodu. Prokuhajte, dodajte koru mandarine, mladi luk i đumbir. Poklopite i kuhajte dok ne omekša, oko 1½ sata, povremeno miješajući i dodajući još kipuće vode ako je potrebno. Prije posluživanja uklonite začine.

Mljevena svinjetina s češnjakom

za 4 osobe

450 g/1 lb svinjske potrbušine, bez kože
3 kriške korijena đumbira
2 zelena luka (majka), nasjeckana
30 ml / 2 žlice nasjeckanog češnjaka
30 ml / 2 žlice soja umaka
5 ml / 1 žličica soli
15 ml / 1 žlica pileće juhe
2,5 ml / ½ žličice čili ulja
4 grančice korijandera

Meso stavite u lonac s đumbirom i vlascem, dodajte toliko vode da bude pokriveno, zakuhajte i kuhajte 30 minuta dok ne bude potpuno kuhano. Izvadite i dobro ocijedite, zatim narežite na tanke ploške od oko 5 cm/2 kvadrata. Kriške stavite u metalno cjedilo. Zakuhajte lonac vode, dodajte svinjske kriške i kuhajte 3 minute dok se ne zagriju. Složite na vruć tanjur za posluživanje. Pomiješajte češnjak, soja umak, sol, juhu i čili ulje i prelijte preko mesa. Poslužite ukrašeno korijanderom.

Pečena svinjetina s đumbirom

za 4 osobe

225g/8oz nemasne svinjetine
5 ml / 1 žličica kukuruznog brašna (kukuruzni škrob)
30 ml / 2 žlice soja umaka
30 ml / 2 žlice ulja od kikirikija
1 kriška korijena đumbira, nasjeckana
1 mladi luk (mladi luk), narezan na ploške
45 ml / 3 žlice vode
5 ml / 1 žličica smeđeg šećera

Svinjetinu narežite na tanke ploške. Dodajte kukuruzno brašno, zatim pospite soja umakom i ponovno promiješajte. Zagrijte ulje i pržite svinjetinu 2 minute dok ne porumeni. Dodajte đumbir i mladi luk te pržite 1 minutu. Dodajte vodu i šećer, poklopite i kuhajte dok ne skuha, oko 5 minuta.

Svinjetina sa zelenim grahom

za 4 osobe

1 funta/450 g zelenog graha, narezanog na komade
30 ml / 2 žlice ulja od kikirikija
2,5 ml / ½ žličice soli
1 kriška korijena đumbira, nasjeckana
225g/8oz nemasne svinjetine, mljevene
120 ml / 4 fl oz / ½ šalice pileće juhe
75 ml / 5 žlica vode
2 jaja
15 ml / 1 žlica kukuruznog brašna (kukuruzni škrob)

Mahune kuhajte oko 2 minute, zatim ih ocijedite. Zagrijte ulje i popržite sol i đumbir nekoliko sekundi. Dodajte svinjetinu i pržite dok lagano ne porumeni. Dodajte mahune i pirjajte ih prelivajući uljem 30 sekundi. Dodajte juhu, zakuhajte, poklopite i kuhajte 2 minute. Umutiti jaja s 30 ml / 2 žlice vode i dodati ih u tavu. Preostalu vodu pomiješajte s kukuruznim brašnom. Kad se jaja počnu stezati dodajte kukuruzno brašno i kuhajte dok se smjesa ne zgusne. Poslužite odmah.

Svinjetina sa šunkom i tofuom

za 4 osobe

4 sušene kineske gljive
5 ml / 1 žličica ulja od kikirikija
100g/4oz dimljene šunke, narezane na kriške
8 unci/225 g tofua, narezanog na kriške
225 g nemasne svinjetine, narezane na ploške
15 ml / 1 žlica rižinog vina ili suhog šerija
sol i svježe mljeveni crni papar
1 kriška korijena đumbira, nasjeckana
1 mladi luk (mladi luk), nasjeckan
10 ml / 2 žličice kukuruznog brašna (kukuruzni škrob)
30 ml / 2 žlice vode

Gljive namočite u toploj vodi 30 minuta, zatim ocijedite. Odbacite peteljke i prepolovite vrhove. Natrljajte zdjelu otpornu na toplinu uljem od kikirikija. Stavite gljive, šunku, tofu i svinjetinu na tanjur, sa svinjetinom na vrh. Pospite vinom ili šerijem, posolite i popaprite, đumbirom i vlascem. Poklopite i kuhajte na pari na rešetki iznad kipuće vode dok ne bude kuhano, oko 45 minuta. Izlijte umak iz zdjele bez miješanja sastojaka. Dodajte dovoljno vode da napravite 250 ml / 8 tečnih oz / 1 šalicu. Pomiješajte kukuruznu krupicu i vodu i umiješajte u umak. Prebacite u zdjelu i kuhajte uz miješanje dok se umak ne razrijedi i zgusne. Smjesu od svinjskog mesa stavite na topli pladanj za posluživanje, prelijte umakom i poslužite.

Pirjani svinjski ražnjići

za 4 osobe

1 funta/450 g svinjskog lungića, tanko narezanog

100g/4oz kuhane šunke, tanko narezane

6 vodenih kestena, tanko narezanih

30 ml / 2 žlice soja umaka

30 ml / 2 žlice vinskog octa

15 ml / 1 žlica smeđeg šećera

15 ml / 1 žlica umaka od kamenica

nekoliko kapi čili ulja

45 ml / 3 žlice kukuruznog brašna (kukuruzni škrob)

30 ml / 2 žlice rižinog vina ili suhog šerija

2 umućena jaja

Ulje za prženje

Na male ražnjiće naizmjence nanizajte svinjetinu, šunku i vodene kestene. Pomiješajte sojin umak, vinski ocat, šećer, umak od kamenica i čili ulje. Prelijte preko ražnjića, poklopite i ostavite da se marinira u hladnjaku 3 sata. Pomiješajte kukuruzno brašno, vino ili šeri i jaja dok ne dobijete glatko, gusto tijesto. Okrenite ražnjiće u tijestu kako biste ih premazali. Zagrijte ulje i pržite ražnjiće dok blago ne porumene.

Pečena svinjska lopatica s crvenim umakom

za 4 osobe

1 veća svinjska lopatica
1 l / 1½ bodova / 4¼ šalice kipuće vode
5 ml / 1 žličica soli
120 ml / 4 fl oz / ½ šalice vinskog octa
120 ml / 4 fl oz / ½ šalice soja umaka
45 ml / 3 žlice meda
5 ml / 1 žličica bobica kleke
5 ml / 1 žličica anisa
5 ml / 1 žličica korijandera
60 ml / 4 žlice ulja od kikirikija
6 mladog luka (mladi luk), narezanog na ploške
2 mrkve, tanko narezane
1 stabljika celera, narezana na ploške
45 ml / 3 žlice hoisin umaka
30 ml / 2 žlice kiselog krastavca manga
75 ml / 5 žlica pirea od rajčice (pasta)

1 češanj protisnutog češnjaka
60 ml / 4 žlice nasjeckanog vlasca

Svinjsku koljenicu skuhajte s vodom, soli, vinskim octom, 45 ml / 3 žlice soja umaka, medom i začinima. Dodajte povrće, ponovno zakuhajte, poklopite i kuhajte dok meso ne omekša, oko 1,5 sat. Meso i povrće izvaditi iz tave, odvojiti meso od kostiju i nasjeckati na kockice. Zagrijte ulje i pržite meso dok ne porumeni. Dodajte povrće i pržite 5 minuta. Dodajte preostali soja umak, hoisin umak, ajvar, pire od rajčice i češnjak. Zakuhajte, promiješajte i kuhajte 3 minute. Poslužite posuto vlascem.

marinirana svinjetina

za 4 osobe

450g/1lb nemasne svinjetine
1 kriška korijena đumbira, nasjeckana
1 češanj protisnutog češnjaka
90 ml / 6 žlica soja umaka
15 ml / 1 žlica rižinog vina ili suhog šerija
45 ml / 3 žlice ulja od kikirikija (kikiriki)
1 mladi luk (mladi luk), narezan na ploške
15 ml / 1 žlica smeđeg šećera
svježi crni papar

Pomiješajte svinjetinu s đumbirom, češnjakom, 30 ml / 2 žlice soja umaka i vinom ili šerijem. Ostavite da odstoji 30 minuta uz povremeno miješanje pa izvadite meso iz marinade. Zagrijte ulje i pržite svinjetinu dok ne porumeni. Dodajte mladi luk, šećer, preostali soja umak i prstohvat paprike, poklopite i pirjajte dok se svinjetina ne skuha, oko 45 minuta. Svinjetinu narežite na kocke i poslužite.

Marinirani svinjski kotleti

za 6

6 svinjskih kotleta
1 kriška korijena đumbira, nasjeckana
1 češanj protisnutog češnjaka
90 ml / 6 žlica soja umaka
30 ml / 2 žlice rižinog vina ili suhog šerija
45 ml / 3 žlice ulja od kikirikija (kikiriki)
2 zelena luka (majka), nasjeckana
15 ml / 1 žlica smeđeg šećera
svježi crni papar

Svinjskom kotletu odrežite kost, a meso narežite na kockice. Pomiješajte đumbir, češnjak, 30 ml / 2 žlice soja umaka i vino ili šeri, prelijte meso i marinirajte 30 minuta uz povremeno miješanje. Izvadite meso iz marinade. Zagrijte ulje i pržite svinjetinu dok ne porumeni. Dodajte vlasac i pržite 1 minutu. Preostali soja umak pomiješajte sa šećerom i prstohvatom crnog papra. Dodajte umak, pustite da zavrije, poklopite i kuhajte dok svinjetina ne omekša, oko 30 minuta.

svinjetina s gljivama

za 4 osobe

25g/1oz sušene kineske gljive
30 ml / 2 žlice ulja od kikirikija
1 režanj nasjeckanog češnjaka
225g/8oz nemasne svinjetine, narezane na kriške
4 mladog luka (zeleni luk), nasjeckanog
15 ml / 1 žlica sojinog umaka
15 ml / 1 žlica rižinog vina ili suhog šerija
5 ml / 1 žličica sezamovog ulja

Gljive namočite u toploj vodi 30 minuta, zatim ocijedite. Bacite peteljke i odrežite vrhove. Zagrijte ulje i popržite češnjak dok lagano ne porumeni. Dodajte svinjetinu i pržite dok ne porumeni. Dodajte mladi luk, gljive, sojin umak i vino ili šeri i pirjajte 3 minute. Dodajte sezamovo ulje i odmah poslužite.

knedle kuhane na pari

za 4 osobe

450 g / 1 lb mljevene svinjetine
4 vodena kestena, sitno nasjeckana
225g/8oz gljiva, sitno nasjeckanih
5 ml / 1 žličica soja umaka
sol i svježe mljeveni crni papar
1 jaje, lagano tučeno

Sve sastojke dobro izmiješajte i u zdjeli za pećnicu oblikujte pljosnati kolač. Posudu stavite na rešetku u aparatu za kuhanje na pari, poklopite i kuhajte na pari 1 i pol sat.

Crvena pečena svinjetina sa šampinjonima

za 4 osobe

450 g/1 lb nemasne svinjetine, narezane na kocke
250 ml / 8 fl oz / 1 čaša vode
15 ml / 1 žlica sojinog umaka
15 ml / 1 žlica rižinog vina ili suhog šerija
5 ml / 1 žličica šećera
5 ml / 1 žličica soli
225g/8oz gljiva

Stavite svinjetinu i vodu u lonac i zakuhajte vodu. Poklopite i kuhajte 30 minuta, zatim ocijedite i ostavite vodu. Svinjetinu vratite u tavu i dodajte soja umak. Kuhajte na laganoj vatri, miješajući dok se sojin umak ne upije. Dodajte vino ili šeri, šećer i sol. Ulijte odloženu juhu, prokuhajte, poklopite i pirjajte meso uz povremeno okretanje oko 30 minuta. Dodajte gljive i kuhajte još 20 minuta.

Palačinka sa svinjskim rezancima

za 4 osobe

30 ml / 2 žlice ulja od kikirikija

5 ml / 2 žličice soli

225g/8oz nemasne svinjetine, narezane na trakice

225g/8oz bok choy, nasjeckanog

100g/4oz bambusovih izdanaka, zdrobljenih

100 g gljiva, tanko narezanih

150 ml / ¼ pt / izdašne ½ šalice pileće juhe

10 ml / 2 žličice kukuruznog brašna (kukuruzni škrob)

15 ml / 1 žlica rižinog vina ili suhog šerija

15 ml / 1 žlica vode

palačinka s rezancima

Zagrijte ulje i sol i pržite svinjetinu dok ne dobije svijetlu boju. Dodajte kupus, mladice bambusa i gljive te pržite 1 minutu. Dodajte juhu, zakuhajte, poklopite i kuhajte 4 minute dok se svinjetina ne skuha. Kukuruzno brašno sameljite s vinom ili šerijem i vodom u pastu, umiješajte u tavu i kuhajte na laganoj vatri uz miješanje dok se umak ne razrijedi i zgusne. Za posluživanje prelijte palačinku s rezancima.

Svinjetina i škampi s palačinkom s rezancima

za 4 osobe

30 ml / 2 žlice ulja od kikirikija

5 ml / 1 žličica soli

4 mladog luka (zeleni luk), nasjeckanog

1 češanj protisnutog češnjaka

225g/8oz nemasne svinjetine, narezane na trakice

100g/4oz šampinjona, narezanih

4 stabljike celera, narezane na ploške

225 g / 8 oz oguljenih škampa

30 ml / 2 žlice soja umaka

10 ml / 1 žličica kukuruznog brašna (kukuruzni škrob)

45 ml / 3 žlice vode

palačinka s rezancima

Zagrijte ulje i sol pa popržite vlasac i češnjak dok ne omekšaju. Dodajte svinjetinu i pržite dok lagano ne porumeni. Dodajte gljive i celer i pržite 2 minute. Dodajte škampe, pospite soja umakom i miješajte dok se ne zagrije. Pomiješajte kukuruzno brašno i vodu u pastu, umiješajte u tavu i kuhajte na laganoj vatri uz miješanje dok ne porumeni. Za posluživanje prelijte palačinku s rezancima.

Svinjetina s umakom od kamenica

Za 4 do 6 porcija

450g/1lb nemasne svinjetine
15 ml / 1 žlica kukuruznog brašna (kukuruzni škrob)
10 ml / 2 žličice rižinog vina ili suhog šerija
prstohvat šećera
45 ml / 3 žlice ulja od kikirikija (kikiriki)
10 ml / 2 žličice vode
30 ml / 2 žlice umaka od kamenica
svježi crni papar
1 kriška korijena đumbira, nasjeckana
60 ml / 4 žlice pileće juhe

Svinjetinu narežite na tanke ploške. Pomiješajte 5 ml/1 žličicu kukuruznog brašna s vinom ili šerijem, šećerom i 5 ml/1 žličicom ulja, dodajte svinjetini i dobro promiješajte da se prekrije. Ostatak kukuruznog škroba pomiješajte s vodom, umakom od kamenica i prstohvatom papra. Zagrijte preostalo ulje i pržite đumbir 1 minutu. Dodajte svinjetinu i pržite dok lagano ne porumeni. Dodajte juhu i mješavinu vode i umaka od kamenica, zakuhajte, poklopite i kuhajte 3 minute.

kikiriki svinjetina

za 4 osobe

450 g/1 lb nemasne svinjetine, narezane na kocke
15 ml / 1 žlica kukuruznog brašna (kukuruzni škrob)
5 ml / 1 žličica soli
1 bjelanjak
3 mlada luka, nasjeckana
1 režanj nasjeckanog češnjaka
1 kriška korijena đumbira, nasjeckana
45 ml / 3 žlice pileće juhe
15 ml / 1 žlica rižinog vina ili suhog šerija
15 ml / 1 žlica sojinog umaka
10 ml / 2 žličice crne melase
45 ml / 3 žlice ulja od kikirikija (kikiriki)
½ krastavca, nasjeckanog
25 g / 1 oz / ¼ šalice oljuštenog kikirikija
5 ml / 1 žličica čili ulja

Pomiješajte svinjetinu s polovicom kukuruznog škroba, soli i snijega od bjelanjaka i dobro promiješajte da se svinjetina prekrije. Ostatak kukuruznog brašna pomiješajte s mladim lukom, češnjakom, đumbirom, juhom, vinom ili šerijem, soja umakom i melasom. Zagrijte ulje i pržite svinjetinu dok lagano ne porumeni pa je izvadite iz tave. Dodajte krastavce u tavu i pržite nekoliko minuta. Svinjetinu vratite u tavu i lagano promiješajte. Dodajte mješavinu začina, zakuhajte i kuhajte uz miješanje dok se umak ne razrijedi i zgusne. Dodajte ulje od kikirikija i čilija i zagrijte neposredno prije posluživanja.

svinjetina s paprom

za 4 osobe

45 ml / 3 žlice ulja od kikirikija (kikiriki)
225g/8oz nemasne svinjetine, narezane na kockice
1 glavica luka nasjeckana na kockice
2 zelene paprike, nasjeckane
½ kineskog lišća, nasjeckanog
1 kriška korijena đumbira, nasjeckana
15 ml / 1 žlica sojinog umaka
15 ml / 1 žlica šećera
2,5 ml / ½ žličice soli

Zagrijte ulje i pržite svinjetinu dok ne porumeni, oko 4 minute. Dodajte luk i pržite oko 1 minutu. Dodajte paprike i pržite 1 minutu. Dodajte kinesko lišće i pržite 1 minutu. Pomiješajte preostale sastojke, dodajte ih natrag u tavu i pirjajte još 2 minute.

Začinjena svinjetina s kiselim krastavcima

za 4 osobe

900 g svinjskog kotleta
30 ml / 2 žlice kukuruznog brašna (kukuruzni škrob)
45 ml / 3 žlice soja umaka
30 ml / 2 žlice slatkog šerija
5 ml / 1 žličica naribanog korijena đumbira
2,5 ml / ½ žličice pet začina u prahu
prstohvat svježe mljevenog papra
Ulje za prženje
60 ml / 4 žlice pileće juhe
Kinesko ukiseljeno povrće

Izrežite kotlete, odbacite svu masnoću i kosti. Pomiješajte kukuruzno brašno, 30 ml/2 žlice soja umaka, šeri, đumbir, pet začina u prahu i crni papar. Prelijte preko svinjetine i promiješajte da se potpuno prekrije. Pokrijte i marinirajte 2 sata uz povremeno okretanje. Zagrijte ulje i pržite svinjetinu dok ne porumeni i bude pečena. Ocijediti na papirnatim ubrusima. Svinjetinu narežite na deblje ploške, premjestite na topli tanjur za posluživanje i držite na toplom. Pomiješajte juhu i preostali umak od soje u malom loncu. Prokuhati i preliti preko svinjskih ploški. Poslužite ukrašeno miješanim kiselim krastavcima.

Svinjetina s umakom od šljiva

za 4 osobe

450 g/lb svinjskog paprikaša, narezanog na kockice
2 češnja protisnutog češnjaka
sol
60 ml / 4 žlice paradajz sosa (ketchup)
30 ml / 2 žlice soja umaka
45 ml / 3 žlice umaka od šljiva
5 ml / 1 žličica curry praha
5 ml / 1 žličica crvene paprike
2,5 ml / ½ žličice svježe mljevenog papra
45 ml / 3 žlice ulja od kikirikija (kikiriki)
6 mladog luka (mladi luk), narezanog na trakice
4 mrkve, narezane na trakice

Marinirajte meso s češnjakom, soli, umakom od rajčice, soja umakom, umakom od šljiva, curryjem u prahu, paprikom i crnim paprom 30 minuta. Zagrijte ulje i pržite meso dok lagano ne porumeni. Izvadite iz woka. Na ulje dodati povrće i pržiti dok ne omekša. Vratite meso u tavu i lagano ga zagrijte prije posluživanja.

Svinjetina sa škampima

6 do 8 osoba

900 g / 2 lb nemasne svinjetine
30 ml / 2 žlice ulja od kikirikija
1 narezani luk
1 mladi luk (mladi luk), nasjeckan
2 češnja protisnutog češnjaka
30 ml / 2 žlice soja umaka
50g/2oz oguljenih škampa, nasjeckanih
(zemlja)
600 ml / 1 bod / 2½ šalice kipuće vode
15 ml / 1 žlica šećera

Zakuhajte lonac vode, dodajte svinjetinu, poklopite i kuhajte 10 minuta. Izvadite iz posude i dobro ocijedite pa narežite na kockice. Zagrijte ulje i popržite luk, mladi luk i češnjak dok lagano ne porumene. Dodajte svinjetinu i pržite dok lagano ne porumeni. Dodajte soja umak i škampe te pržite 1 minutu. Dodajte kipuću vodu i šećer, poklopite i kuhajte dok svinjetina ne omekša, oko 40 minuta.

crvena kuhana svinjetina

za 4 osobe

1½ lbs/675 g nemasne svinjetine, narezane na kocke
250 ml / 8 fl oz / 1 čaša vode
1 zgnječena kriška korijena đumbira
60 ml / 4 žlice soja umaka
15 ml / 1 žlica rižinog vina ili suhog šerija
5 ml / 1 žličica soli
10 ml / 2 žličice smeđeg šećera

Stavite svinjetinu i vodu u lonac i zakuhajte vodu. Dodajte đumbir, sojin umak, šeri i sol, poklopite i pirjajte 45 minuta. Dodajte šećer, okrenite meso, poklopite i kuhajte još 45 minuta dok svinjetina ne omekša.

Svinjetina s crvenim umakom

za 4 osobe

30 ml / 2 žlice ulja od kikirikija

225g/8oz svinjskog bubrega, narezanog na trakice

450 g / 1 lb svinjetine, narezane na trakice

1 narezani luk

4 mladog luka (zeleni luk), narezana na trakice

2 mrkve, narezane na trakice

1 stabljika celera, narezana na trakice

1 crvena paprika narezana na trakice

45 ml / 3 žlice soja umaka

45 ml / 3 žlice suhog bijelog vina

300 ml / ½ pt / 1¼ šalice pileće juhe

30 ml / 2 žlice umaka od šljiva

30 ml / 2 žlice vinskog octa

5 ml / 1 žličica pet začina u prahu

5 ml / 1 žličica smeđeg šećera

15 ml / 1 žlica kukuruznog brašna (kukuruzni škrob)

15 ml / 1 žlica vode

Zagrijte ulje i pržite bubrege 2 minute pa ih izvadite iz tave. Ponovno zagrijte ulje i pržite svinjetinu dok lagano ne porumeni. Dodajte povrće i pržite 3 minute. Dodajte sojin umak, vino, juhu, umak od šljiva, vinski ocat, prah pet začina i šećer, zakuhajte, poklopite i kuhajte 30 minuta dok ne bude kuhano. Dodajte bubrege. Pomiješajte kukuruzno brašno i vodu i stavite u lonac. Pustite da zakipi i kuhajte uz miješanje dok se umak ne zgusne.

Svinjetina s rižinim rezancima

za 4 osobe

4 sušene kineske gljive
100g/4oz rižinih rezanaca
225g/8oz nemasne svinjetine, narezane na trakice
15 ml / 1 žlica kukuruznog brašna (kukuruzni škrob)
15 ml / 1 žlica sojinog umaka
15 ml / 1 žlica rižinog vina ili suhog šerija
45 ml / 3 žlice ulja od kikirikija (kikiriki)
2,5 ml / ½ žličice soli
1 kriška korijena đumbira, nasjeckana
2 stabljike celera nasjeckane
120 ml / 4 fl oz / ½ šalice pileće juhe
2 zelena luka (majka), narezana na ploške

Gljive namočite u toploj vodi 30 minuta, zatim ocijedite. Bacite peteljke i odrežite vrhove. Rezance namočiti u toploj vodi 30 minuta, ocijediti i narezati na 5 cm/2 komada, svinjetinu staviti u zdjelu. Pomiješajte kukuruzno brašno, sojin umak i vino ili šeri, prelijte preko svinjetine i pomiješajte. Zagrijte ulje i popržite sol i đumbir nekoliko sekundi. Dodajte svinjetinu i pržite dok lagano ne porumeni. Dodajte gljive i celer i pržite 1 minutu. Dodajte juhu, zakuhajte, poklopite i kuhajte 2 minute. Dodajte rezance i zagrijavajte 2 minute. Dodajte vlasac i odmah poslužite.

bogate svinjske okruglice

za 4 osobe

450 g / 1 lb mljevene svinjetine

100g/4oz tofua, zdrobljenog

4 vodena kestena, sitno nasjeckana

sol i svježe mljeveni crni papar

120 ml / 4 fl oz / ½ šalice maslaca od kikirikija (kikiriki)

1 kriška korijena đumbira, nasjeckana

600 ml / 1 pt / 2½ šalice pileće juhe

15 ml / 1 žlica sojinog umaka

5 ml / 1 žličica smeđeg šećera

5 ml / 1 žličica rižinog vina ili suhog šerija

Pomiješajte svinjetinu, tofu i kestene te začinite solju i paprom. Formirati velike kuglice. Zagrijte ulje i pržite svinjske okruglice dok ne porumene sa svih strana pa ih izvadite iz tave. Ocijedite sve osim 15 ml/1 žličice ulja i dodajte đumbir, juhu, sojin umak, šećer i vino ili šeri. Svinjske okruglice vratite u tavu, zakuhajte i kuhajte 20 minuta dok se ne skuhaju.

pečeni svinjski kotlet

za 4 osobe

4 svinjska kotleta

75 ml / 5 žlica soja umaka

Ulje za prženje

100g/4oz štapića celera

3 mlada luka, nasjeckana

1 kriška korijena đumbira, nasjeckana

15 ml / 1 žlica rižinog vina ili suhog šerija

120 ml / 4 fl oz / ½ šalice pileće juhe

sol i svježe mljeveni crni papar

5 ml / 1 žličica sezamovog ulja

Umočite svinjske kotlete u soja umak dok se dobro ne prekriju. Zagrijte ulje i pržite kotlete dok ne porumene. Izvadite i dobro ocijedite. Na dno plitke posude za pečenje stavite celer. Pospite mladim lukom i đumbirom i na vrh stavite svinjske kotlete. Prelijte vinom ili šerijem i juhom te začinite solju i paprom. Pospite sezamovim uljem. Pecite u prethodno zagrijanoj pećnici na 200°C/400°C/plinska oznaka 6 15 minuta.

začinjena svinjetina

za 4 osobe

1 krastavac narezan na kocke

sol

450 g/1 lb nemasne svinjetine, narezane na kocke

5 ml / 1 žličica soli

45 ml / 3 žlice soja umaka

30 ml / 2 žlice rižinog vina ili suhog šerija

30 ml / 2 žlice kukuruznog brašna (kukuruzni škrob)

15 ml / 1 žlica smeđeg šećera

60 ml / 4 žlice ulja od kikirikija

1 kriška korijena đumbira, nasjeckana

1 režanj nasjeckanog češnjaka

1 crvena paprika, očišćena od sjemenki i nasjeckana

60 ml / 4 žlice pileće juhe

Pospite krastavac solju i ostavite sa strane. Pomiješajte svinjetinu, sol, 15 ml/1 žličicu soja umaka, 15 ml/1 žličicu vina ili šerija, 15 ml/1 žličicu kukuruznog brašna, smeđi šećer i 15 ml/1 žličicu ulja. Pustite da odstoji 30 minuta pa izvadite meso iz marinade. Zagrijte preostalo ulje i pržite svinjetinu dok ne porumeni. Dodajte đumbir, češnjak i crvenu papriku te pržite 2 minute. Dodajte krastavac i pržite 2 minute. Pomiješajte marinadu s juhom i preostalim umakom od soje, vinom ili šerijem i kukuruznom brašnom. Dodajte to u tavu i pustite da prokuha, miješajući. Miješajte dok se umak ne razrijedi i zgusne te nastavite pirjati dok meso ne bude potpuno pečeno.

Skliske svinjske kriške

za 4 osobe

225 g nemasne svinjetine, narezane na ploške
2 bjelanjka
15 ml / 1 žlica kukuruznog brašna (kukuruzni škrob)
45 ml / 3 žlice ulja od kikirikija (kikiriki)
50 g / 2 oz izdanaka bambusa, narezanih
6 mladog luka (mladi luk), nasjeckanog
2,5 ml / ½ žličice soli
15 ml / 1 žlica rižinog vina ili suhog šerija
150 ml / ¼ pt / izdašne ½ šalice pileće juhe

Pomiješajte svinjetinu s bjelanjcima i kukuruznim škrobom dok se dobro ne prekrije. Zagrijte ulje i pržite svinjetinu dok lagano ne porumeni pa je izvadite iz tave. Dodajte mladice bambusa i mladi luk te pržite 2 minute. Vratite svinjetinu u tavu sa soli, vinom ili šerijem i pilećom juhom. Zakuhajte i kuhajte na laganoj vatri, miješajući, dok se svinjetina ne skuha, 4 minute.

Svinjetina sa špinatom i mrkvom

za 4 osobe

225g/8oz nemasne svinjetine
2 mrkve, narezane na trakice
225 g / 8 unci špinata
45 ml / 3 žlice ulja od kikirikija (kikiriki)
1 mladi luk (mladi luk), sitno nasjeckan
15 ml / 1 žlica sojinog umaka
2,5 ml / ½ žličice soli
10 ml / 2 žličice kukuruznog brašna (kukuruzni škrob)
30 ml / 2 žlice vode

Svinjetinu narežite na tanke ploške, a zatim na trakice. Mrkvu kuhajte oko 3 minute, zatim ocijedite. Listove špinata prerežite na pola. Zagrijte ulje i popržite mladi luk dok ne bude proziran. Dodajte svinjetinu i pržite dok lagano ne porumeni. Dodajte mrkvu i soja umak i pržite 1 minutu. Posolite i dodajte špinat te pržite dok ne omekša, oko 30 sekundi. Pomiješajte kukuruzno brašno i vodu u pastu, umiješajte u umak i pirjajte dok ne bude prozirno te odmah poslužite.

svinjetina kuhana na pari

za 4 osobe

450 g / 1 lb nemasne svinjetine, narezane na kocke
120 ml / 4 fl oz / ½ šalice soja umaka
120 ml / 4 fl oz / ½ šalice rižinog vina ili suhog šerija
15 ml / 1 žlica smeđeg šećera

Pomiješajte sve sastojke i stavite u vatrostalnu zdjelu. Kuhajte na pari iznad kipuće vode dok ne bude kuhano, otprilike 1½ sat.

svinjetina pržena u tavi

za 4 osobe

25g/1oz sušene kineske gljive
15 ml / 1 žlica ulja od kikirikija
450 g/1 lb nemasne svinjetine, narezane na ploške
1 zelena paprika nasjeckana na kockice
15 ml / 1 žlica sojinog umaka
15 ml / 1 žlica rižinog vina ili suhog šerija
5 ml / 1 žličica soli
5 ml / 1 žličica sezamovog ulja

Gljive namočite u toploj vodi 30 minuta, zatim ocijedite. Bacite peteljke i odrežite vrhove. Zagrijte ulje i pržite svinjetinu dok ne porumeni. Dodajte papriku i pržite 1 minutu. Dodajte gljive, sojin umak, vino ili sherry i sol te pržite nekoliko minuta dok meso ne bude pečeno. Prije posluživanja dodajte sezamovo ulje.

Svinjetina sa slatkim krumpirom

za 4 osobe

Ulje za prženje

2 velika slatka krumpira, narezana na ploške

30 ml / 2 žlice ulja od kikirikija

1 komad korijena đumbira, narezanog na ploške

1 narezani luk

450 g/1 lb nemasne svinjetine, narezane na kocke

15 ml / 1 žlica sojinog umaka

2,5 ml / ½ žličice soli

svježi crni papar

250 ml / 8 tečnih oz / 1 šalica pileće juhe

30 ml / 2 žlice curry praha

Zagrijte ulje i pržite batat dok ne porumeni. Izvadite iz posude i dobro ocijedite. Zagrijte kikiriki ulje i pržite đumbir i luk dok lagano ne porumene. Dodajte svinjetinu i pržite dok lagano ne porumeni. Dodajte sojin umak, sol i prstohvat crnog papra, zatim dodajte juhu i curry prah, zakuhajte i kuhajte uz miješanje 1 minutu. Dodajte krumpir, poklopite i pirjajte 30 minuta dok se svinjetina ne skuha.

slatka i kisela svinjetina

za 4 osobe

450 g/1 lb nemasne svinjetine, narezane na kocke
15 ml / 1 žlica rižinog vina ili suhog šerija
15 ml / 1 žlica ulja od kikirikija
5 ml / 1 žličica curry praha
1 umućeno jaje
sol
100 g / 4 oz kukuruznog brašna (kukuruzni škrob)
Ulje za prženje
1 češanj protisnutog češnjaka
75 g / 3 oz / ½ šalice šećera
50g/2oz umak od rajčice (ketchup)
5 ml / 1 žličica vinskog octa
5 ml / 1 žličica sezamovog ulja

Svinjetinu prelijte vinom ili sherryjem, uljem, curryjem, jajetom i malo soli. Dodajte kukuruzno brašno dok se svinjetina ne prekrije tijestom. Zagrijte ulje dok ne ispari pa u nekoliko navrata dodajte svinjske kockice. Pržiti oko 3 minute, ocijediti i rezervisati. Ponovno zagrijte ulje i ponovno pržite kockice oko 2 minute. Izvadite i ocijedite. Zagrijte češnjak, šećer, umak od rajčice i vinski ocat, miješajući dok se šećer ne otopi. Pustite da prokuha pa dodajte svinjske kockice i dobro promiješajte. Dodajte sezamovo ulje i poslužite.

slana svinjetina

za 4 osobe

30 ml / 2 žlice ulja od kikirikija

450 g/1 lb nemasne svinjetine, narezane na kocke

3 mlada luka (mladi luk), narezana na ploške

2 češnja protisnutog češnjaka

1 kriška korijena đumbira, nasjeckana

250 ml / 8 tečnih oz / 1 šalica soja umaka

30 ml / 2 žlice rižinog vina ili suhog šerija

30 ml / 2 žlice smeđeg šećera

5 ml / 1 žličica soli

600 ml / 1 bod / 2½ čaše vode

Zagrijte ulje i pržite svinjetinu dok ne porumeni. Ocijedite od viška ulja, dodajte mladi luk, češnjak i đumbir te pržite 2 minute. Dodajte soja umak, vino ili šeri, šećer i sol i dobro promiješajte. Dodajte vodu, zakuhajte, poklopite i kuhajte 1 sat.

svinjetina s tofuom

za 4 osobe

450g/1lb nemasne svinjetine
45 ml / 3 žlice ulja od kikirikija (kikiriki)
1 narezani luk
1 češanj protisnutog češnjaka
225 g tofua, narezanog na kockice
375 ml / 13 tečnih oz / 1½ šalice pileće juhe
15 ml / 1 žlica smeđeg šećera
60 ml / 4 žlice soja umaka
2,5 ml / ½ žličice soli

Stavite svinjetinu u lonac i prelijte vodom. Zakuhajte, pa kuhajte 5 minuta. Ocijedite i ostavite da se ohladi pa narežite na kocke.

Zagrijte ulje i popržite luk i češnjak dok lagano ne porumene. Dodajte svinjetinu i pržite dok lagano ne porumeni. Dodajte tofu i lagano miješajte dok se ne prekrije uljem. Dodajte juhu, šećer, sojin umak i sol, zakuhajte, poklopite i kuhajte dok svinjetina ne omekša, oko 40 minuta.

pečena svinjetina

za 4 osobe

225g/8oz svinjskog lungića, narezanog na kocke
1 bjelanjak
30 ml / 2 žlice rižinog vina ili suhog šerija
sol
225 g kukuruznog brašna (kukuruzni škrob)
Ulje za prženje

Svinjetinu pomiješajte sa snijegom od bjelanjaka, vinom ili šerijem i malo soli. Postupno dodajte dovoljno kukuruznog brašna da dobijete gusto tijesto. Zagrijte ulje i pržite svinjetinu dok izvana ne postane zlatna i hrskava, a iznutra mekana.

dva puta kuhana svinjetina

za 4 osobe

225g/8oz nemasne svinjetine
45 ml / 3 žlice ulja od kikirikija (kikiriki)
2 zelene paprike, narezane na komade
2 češnja nasjeckanog češnjaka
2 zelena luka (majka), narezana na ploške
15 ml / 1 žlica chutney umaka
15 ml / 1 žlica pileće juhe
5 ml / 1 žličica šećera

Stavite svinjetinu u lonac, dodajte toliko vode da bude pokrivena, zakuhajte i kuhajte 20 minuta dok ne bude kuhana. Izvadite i ocijedite te ostavite da se ohladi. Narežite na tanke ploške.

Zagrijte ulje i pržite svinjetinu dok ne porumeni. Dodajte papar, češnjak i mladi luk te pržite 2 minute. Izvadite iz posude. Dodajte umak od graha, juhu i šećer u tavu i kuhajte, miješajući, 2 minute. Vratite svinjetinu i papriku i pirjajte dok se ne zagriju. Poslužite odmah.

Svinjetina s povrćem

za 4 osobe

2 češnja protisnutog češnjaka

5 ml / 1 žličica soli

2,5 ml / ½ žličice svježe mljevenog papra

30 ml / 2 žlice ulja od kikirikija

30 ml / 2 žlice soja umaka

225 g / 8 unci cvjetića brokule

200g/7oz cvjetova cvjetače

1 crvena paprika, narezana na kockice

1 kosani luk

2 naranče, oguljene i nasjeckane

1 komadić korijena đumbira, nasjeckanog

30 ml / 2 žlice kukuruznog brašna (kukuruzni škrob)

300 ml / ½ točke / 1¼ čaše vode

20 ml / 2 žlice vinskog octa

15 ml / 1 žlica meda

prstohvat mljevenog đumbira

2,5 ml / ½ žličice kumina

U meso protisnite češnjak, sol i papar. Zagrijte ulje i pržite meso dok lagano ne porumeni. Izvadite iz posude. Dodajte sojin umak i povrće u tavu i pirjajte dok ne omekšaju, ali još uvijek budu hrskavi. Dodajte naranče i đumbir. Pomiješajte kukuruzno brašno i vodu te u tavi pomiješajte s vinskim octom, medom, đumbirom i kuminom. Pustite da zakipi i kuhajte uz miješanje 2 minute. Vratite svinjetinu u tavu i zagrijte je prije posluživanja.

Svinjetina s lješnjacima

za 4 osobe

50 g / 2 oz / ½ šalice oraha

225g/8oz nemasne svinjetine, narezane na trakice

30 ml / 2 žlice glatkog brašna (višenamjenskog)

30 ml / 2 žlice smeđeg šećera

30 ml / 2 žlice soja umaka

Ulje za prženje

15 ml / 1 žlica ulja od kikirikija

Lješnjake blanširajte u kipućoj vodi 2 minute, zatim ocijedite. Pomiješajte svinjetinu s brašnom, šećerom i 15 ml / 1 žlicom soja umaka dok se dobro ne prekrije. Zagrijte ulje i pržite svinjetinu dok ne postane hrskava i zlatna. Ocijediti na papirnatim ubrusima. Zagrijte kikiriki ulje i pržite lješnjake dok ne porumene. Dodajte svinjetinu u tavu, pospite preostalim umakom od soje i pirjajte dok se ne zagrije.

svinjske okruglice

za 4 osobe

450 g / 1 lb mljevene svinjetine
1 mladi luk (mladi luk), nasjeckan
225 g miješanog povrća, nasjeckanog
30 ml / 2 žlice soja umaka
5 ml / 1 žličica soli
40 wonton izgled
Ulje za prženje

Zagrijte tavu i popržite svinjetinu i mladi luk dok ne porumene. Maknite s vatre i dodajte povrće, soja umak i sol.

Da biste presavili wontone, držite kožu lijevim dlanom i stavite malo punjenja u sredinu. Navlažite rubove jajetom i presavijte kožu u trokut, zalijepite rubove. Kutove navlažiti jajetom i okrenuti.

Zagrijte ulje i pecite malo po nekoliko wontona dok ne porumene. Dobro ocijedite prije posluživanja.

Svinjetina s vodenim kestenima

za 4 osobe

45 ml / 3 žlice ulja od kikirikija (kikiriki)
1 češanj protisnutog češnjaka
1 mladi luk (mladi luk), nasjeckan
1 kriška korijena đumbira, nasjeckana
225g/8oz nemasne svinjetine, narezane na trakice
100g/4oz vodenog kestena, tanko narezanog
45 ml / 3 žlice soja umaka
15 ml / 1 žlica rižinog vina ili suhog šerija
5 ml / 1 žličica kukuruznog brašna (kukuruzni škrob)

Zagrijte ulje i popržite češnjak, mladi luk i đumbir dok lagano ne porumene. Dodajte svinjetinu i pržite 10 minuta dok ne porumeni. Dodajte vodene kestene i pržite 3 minute. Dodajte ostale sastojke i pržite 3 minute.

Wontons od svinjetine i škampa

za 4 osobe

225g/8oz mljevene svinjetine (mljevene)
2 zelena luka (majka), nasjeckana
100g/4oz miješanog povrća, nasjeckanog
100 g nasjeckanih gljiva
225 g/8 oz oguljenih škampi, nasjeckanih
15 ml / 1 žlica sojinog umaka
2,5 ml / ½ žličice soli
40 wonton izgled
Ulje za prženje

Zagrijte tavu i pržite svinjetinu i vlasac dok lagano ne porumene. Pomiješajte s preostalim sastojcima.

Da biste presavili wontone, držite kožu lijevim dlanom i stavite malo punjenja u sredinu. Navlažite rubove jajetom i presavijte kožu u trokut, zalijepite rubove. Kutove navlažiti jajetom i okrenuti.

Zagrijte ulje i pecite malo po nekoliko wontona dok ne porumene. Dobro ocijedite prije posluživanja.

mljeveno meso kuhano na pari

za 4 osobe

2 češnja protisnutog češnjaka

2,5 ml / ½ žličice soli

450 g / 1 lb mljevene svinjetine

1 kosani luk

1 nasjeckana crvena paprika

1 nasjeckana zelena paprika

2 komada nasjeckanog korijena đumbira

5 ml / 1 žličica curry praha

5 ml / 1 žličica crvene paprike

1 umućeno jaje

45 ml / 3 žlice kukuruznog brašna (kukuruzni škrob)

50g/2oz riže kratkog zrna

sol i svježe mljeveni crni papar

60 ml / 4 žlice nasjeckanog vlasca

Pomiješajte češnjak, sol, svinjetinu, luk, papar, đumbir, curry prah i papriku. Dodajte jaje u smjesu zajedno s kukuruznim škrobom i rižom. Začinite solju i paprom pa umiješajte vlasac. Mokrim rukama od smjese oblikujte male kuglice. Stavite ih u košaru za kuhanje na pari, poklopite i kuhajte u laganoj vodi 20 minuta dok ne budu kuhane.

Baby Ribs s umakom od crnog graha

za 4 osobe

900 g svinjskih rebara

2 češnja protisnutog češnjaka

2 zelena luka (majka), nasjeckana

30 ml / 2 žlice umaka od crnog graha

30 ml / 2 žlice rižinog vina ili suhog šerija

15 ml / 1 žlica vode

30 ml / 2 žlice soja umaka

15 ml / 1 žlica kukuruznog brašna (kukuruzni škrob)

5 ml / 1 žličica šećera

120 ml / 4 fl oz ½ šalice vode

30 ml / 2 žlice ulja

2,5 ml / ½ žličice soli

120 ml / 4 fl oz / ½ šalice pileće juhe

Svinjska rebra narežite na komade od 2,5 cm. Pomiješajte češnjak, zeleni luk, umak od crnog graha, vino ili šeri, vodu i 15 ml/1 žličicu soja umaka. Preostali soja umak pomiješajte s kukuruznim brašnom, šećerom i vodom. Zagrijte ulje i sol i popržite svinjska rebra dok ne porumene. Ocijedite ulje. Dodajte smjesu s češnjakom i pržite 2 minute. Dodajte juhu, zakuhajte, poklopite i kuhajte 4 minute. Dodajte mješavinu kukuruznog brašna i kuhajte uz miješanje dok se umak ne razrijedi i zgusne.

rebarca na žaru

za 4 osobe

3 češnja češnjaka, zgnječena
75 ml / 5 žlica soja umaka
60 ml / 4 žlice hoisin umaka
60 ml / 4 žlice rižinog vina ili suhog šerija
45 ml / 3 žlice smeđeg šećera
30 ml / 2 žlice pirea od rajčice (pasta)
900 g svinjskih rebara
15 ml / 1 žlica meda

Pomiješajte češnjak, sojin umak, hoisin umak, vino ili šeri, smeđi šećer i pire od rajčice, prelijte preko kotleta, poklopite i marinirajte preko noći.

Ocijedite rebra i stavite ih na rešetku u posudu za pečenje s malo vode ispod. Pecite u prethodno zagrijanoj pećnici na 180°C / 350°F / plinska oznaka 4 45 minuta, povremeno podlijevajući marinadom i ostavljajući 30 ml / 2 žlice marinade. Očuvanu marinadu pomiješajte s medom i premažite popečke. Pecite ili pecite (pržite) na zagrijanom roštilju oko 10 minuta.

pečena javorova rebra

za 4 osobe

900 g svinjskih rebara
60 ml / 4 žlice javorovog sirupa
5 ml / 1 žličica soli
5 ml / 1 žličica šećera
45 ml / 3 žlice soja umaka
15 ml / 1 žlica rižinog vina ili suhog šerija
1 češanj protisnutog češnjaka

Svinjska rebra nasjeckajte na komade od 2/5 cm i stavite ih u zdjelu. Pomiješajte sve sastojke, dodajte rebra i dobro promiješajte. Pokrijte i ostavite preko noći da omekša. Pržite (pecite) ili roštiljajte na srednjoj vatri oko 30 minuta.

pržena svinjska rebra

za 4 osobe

900 g svinjskih rebara

120 ml / 4 fl oz / ½ šalice umaka od rajčice (ketchup)

120 ml / 4 fl oz / ½ šalice vinskog octa

60 ml / 4 žlice kiselog krastavca manga

45 ml / 3 žlice rižinog vina ili suhog šerija

2 češnja nasjeckanog češnjaka

5 ml / 1 žličica soli

45 ml / 3 žlice soja umaka

30 ml / 2 žlice meda

15 ml / 1 žlica svijetlog curry praha

15 ml / 1 žlica crvene paprike

Ulje za prženje

60 ml / 4 žlice nasjeckanog vlasca

Stavite svinjska rebra u zdjelu. Pomiješajte sve sastojke osim ulja i vlasca, prelijte preko rebarca, poklopite i ostavite da se marinira najmanje 1 sat. Zagrijte ulje i pržite rebarca dok ne postanu hrskava. Poslužite posuto vlascem.

Rebra s porilukom

za 4 osobe

450 g svinjskih rebara
Ulje za prženje
250 ml / 8 tečnih oz / 1 šalica temeljca
30 ml / 2 žlice paradajz sosa (ketchup)
2,5 ml / ½ žličice soli
2,5 ml / ½ žličice šećera
2 poriluka narezati na komade
6 mladog luka (zeleni luk), narezanog na komade
50g/2oz cvjetova brokule
5 ml / 1 žličica sezamovog ulja

Svinjska rebra narežite na 5 cm/2 komada, zagrijte ulje i pržite rebra dok ne porumene. Izvadite iz posude i odlijte sve osim 30 ml / 2 žlice ulja. Dodajte juhu, umak od rajčice, sol i šećer, zakuhajte i kuhajte 1 minutu. Vratite rebra u tavu i kuhajte na laganoj vatri dok ne omekšaju, oko 20 minuta.

U međuvremenu zagrijte još 30 ml / 2 žlice ulja i pržite poriluk, mladi luk i brokulu oko 5 minuta. Pokapajte ga sezamovim uljem i stavite na vrući tanjur za posluživanje. Ulijte rebarca i umak u sredinu i poslužite.

Rebra gljiva

Za 4 do 6 porcija

6 suhih kineskih gljiva
900 g svinjskih rebara
2 češnja anisa
45 ml / 3 žlice soja umaka
5 ml / 1 žličica soli
15 ml / 1 žlica kukuruznog brašna (kukuruzni škrob)

Gljive namočite u toploj vodi 30 minuta, zatim ocijedite. Bacite peteljke i odrežite vrhove. Svinjska rebra nasjeckajte na komade veličine 5 cm/2, zakuhajte vodu u loncu, dodajte rebra i kuhajte 15 minuta. Dobro procijediti. Rebarca vratite u posudu i prelijte hladnom vodom. Dodajte gljive, zvjezdasti anis, soja umak i sol. Zakuhajte, poklopite i kuhajte dok meso ne omekša, oko 45 minuta. Kukuruzno brašno pomiješajte s malo hladne vode, dodajte u tavu i kuhajte na laganoj vatri miješajući dok se umak ne zgusne i razrijedi.

Narančasta rebra

za 4 osobe

900 g svinjskih rebara
5 ml / 1 žličica naribanog sira
5 ml / 1 žličica kukuruznog brašna (kukuruzni škrob)
45 ml / 3 žlice rižinog vina ili suhog šerija
sol
Ulje za prženje
15 ml / 1 žlica vode
2,5 ml / ½ žličice šećera
15 ml / 1 žlica pirea od rajčice (pasta)
2,5 ml / ½ žličice ljutog umaka
Naribana kora 1 naranče
1 narezana naranča

Svinjska rebra nasjeckajte na komade i pomiješajte sa sirom, kukuruznim škrobom, 5 ml/1 žličice vina ili šerija i malo soli. Pustite da omekša 30 minuta. Zagrijte ulje i pržite popečke dok ne porumene, oko 3 minute. Zagrijte 15 ml / 1 žličicu ulja u woku, dodajte vodu, šećer, pire od rajčice, ljuti umak, koricu naranče i preostalo vino ili sherry te miješajte na laganoj vatri 2 minute. Dodajte svinjetinu i miješajte dok se dobro ne prekrije. Stavite na vrući tanjur za posluživanje i ukrasite kriškama naranče.Poslužite.

rebra ananasa

za 4 osobe

900 g svinjskih rebara

600 ml / 1 bod / 2½ čaše vode

30 ml / 2 žlice ulja od kikirikija

2 režnja sitno nasjeckanog češnjaka

200g/7oz komadića ananasa konzerviranih u soku

120 ml / 4 fl oz / ½ šalice pileće juhe

60 ml / 4 žlice vinskog octa

50 g / 2 oz / ¼ šalice smeđeg šećera

15 ml / 1 žlica sojinog umaka

15 ml / 1 žlica kukuruznog brašna (kukuruzni škrob)

3 mlada luka, nasjeckana

Stavite svinjetinu i vodu u lonac, zakuhajte, poklopite i kuhajte 20 minuta. Dobro procijediti.

Zagrijte ulje i popržite češnjak dok lagano ne porumeni. Dodajte rebra i pržite dok se dobro ne pokažu uljem. Ocijedite komade ananasa i dodajte 120 ml / 4 fl oz / ½ šalice soka u tavu zajedno s juhom, vinskim octom, šećerom i soja umakom. Zakuhajte, poklopite i kuhajte na laganoj vatri 10 minuta. Dodati ocijeđeni ananas. Kukuruzno brašno pomiješajte s malo vode, dodajte u umak i kuhajte uz miješanje dok se umak ne razrijedi i zgusne. Poslužite posuto vlascem.

Hrskava rebarca od kozica

za 4 osobe

900 g svinjskih rebara
450 g oguljenih škampa
5 ml / 1 žličica šećera
sol i svježe mljeveni crni papar
30 ml / 2 žlice glatkog brašna (višenamjenskog)
1 jaje, lagano tučeno
100g/4oz krušnih mrvica
Ulje za prženje

Svinjska rebra narežite na 5 cm/2 komada, narežite malo mesa i nasjeckajte ga sa škampima, šećerom, soli i paprom. Dodajte brašno i dovoljno jaja da smjesa bude ljepljiva. Pritisnite oko komada svinjskih rebara, a zatim pospite krušnim mrvicama. Zagrijte ulje i pržite popečke dok ne isplivaju na površinu. Dobro ocijedite i poslužite vruće.

Rebarca s rižinim vinom

za 4 osobe

900 g svinjskih rebara
450 ml / ¾ točke / 2 čaše vode
60 ml / 4 žlice soja umaka
5 ml / 1 žličica soli
30 ml / 2 žlice rižinog vina
5 ml / 1 žličica šećera

Rebra narežite na komade od 1/2,5 cm, stavite u lonac s vodom, soja umakom i soli, zakuhajte, poklopite i kuhajte na laganoj vatri 1 sat. Dobro procijediti. Zagrijte tavu i dodajte rebarca, rižino vino i šećer. Pirjajte na jakoj vatri dok tekućina ne ispari.

Sezamova rebra

za 4 osobe

900 g svinjskih rebara

1 jaje

30 ml / 2 žlice glatkog brašna (višenamjenskog)

5 ml / 1 žličica krumpirovog brašna

45 ml / 3 žlice vode

Ulje za prženje

30 ml / 2 žlice ulja od kikirikija

30 ml / 2 žlice paradajz sosa (ketchup)

30 ml / 2 žlice smeđeg šećera

10 ml / 2 žličice vinskog octa

45 ml / 3 žlice sjemenki sezama

4 lista zelene salate

Svinjska rebra nasjeckajte na 10 cm / 4 komada i stavite ih u zdjelu. Jaje pomiješajte s brašnom, krumpirovim brašnom i vodom, dodajte u popečke i ostavite da odstoji 4 sata.

Zagrijte ulje i pržite svinjska rebarca dok ne porumene, izvadite i ocijedite. Zagrijte ulje i pržite umak od rajčice, smeđi šećer i vinski ocat nekoliko minuta. Dodajte svinjska rebra i pirjajte dok se potpuno ne prekriju. Pospite sezamom i pržite 1 minutu. Listove zelene salate složite na vrući tanjur za posluživanje, dodajte rebarca i poslužite.

Slatka i blaga rebarca

za 4 osobe

900 g svinjskih rebara
600 ml / 1 bod / 2½ čaše vode
30 ml / 2 žlice ulja od kikirikija
2 češnja protisnutog češnjaka
5 ml / 1 žličica soli
100 g / 4 oz / ½ šalice smeđeg šećera
75 ml / 5 žlica pileće juhe
60 ml / 4 žlice vinskog octa
100 g/4 oz konzerviranih komadića ananasa u sirupu
15 ml / 1 žlica pirea od rajčice (pasta)
15 ml / 1 žlica sojinog umaka
15 ml / 1 žlica kukuruznog brašna (kukuruzni škrob)
30 ml / 2 žlice osušenog kokosa

Stavite svinjetinu i vodu u lonac, zakuhajte, poklopite i kuhajte 20 minuta. Dobro procijediti.

Zagrijte ulje i pržite popečke s češnjakom i soli dok ne porumene. Dodajte šećer, juhu i vinski ocat i pustite da zavrije. Ocijedite sok od ananasa i dodajte 30 ml / 2 žlice sirupa u tavu s pireom od rajčice, sojinim umakom i kukuruznim škrobom.

Dobro promiješajte i kuhajte uz miješanje dok se umak ne razrijedi i zgusne. Dodajte ananas, kuhajte 3 minute i poslužite posuto kokosom.

Pirjana rebra

za 4 osobe

900 g svinjskih rebara
1 umućeno jaje
5 ml / 1 žličica soja umaka
5 ml / 1 žličica soli
10 ml / 2 žličice kukuruznog brašna (kukuruzni škrob)
10 ml / 2 žličice šećera
60 ml / 4 žlice ulja od kikirikija
250 ml / 8 fl oz / 1 šalica vinskog octa
250 ml / 8 fl oz / 1 čaša vode
250 ml / 8 tečnih oz / 1 šalica rižinog vina ili suhog šerija

Stavite svinjska rebra u zdjelu. Jaje pomiješajte sa soja umakom, soli, pola kukuruznog škroba i pola šećera, dodajte popecima i dobro promiješajte. Zagrijte ulje i pržite svinjska rebarca dok ne porumene. Dodajte ostale sastojke, prokuhajte i kuhajte dok tekućina gotovo ne ispari.

Rebra s rajčicama

za 4 osobe

900 g svinjskih rebara

75 ml / 5 žlica soja umaka

30 ml / 2 žlice rižinog vina ili suhog šerija

2 umućena jaja

45 ml / 3 žlice kukuruznog brašna (kukuruzni škrob)

Ulje za prženje

45 ml / 3 žlice ulja od kikirikija (kikiriki)

1 luk narezan na tanke ploške

250 ml / 8 tečnih oz / 1 šalica pileće juhe

60 ml / 4 žlice paradajz sosa (ketchup)

10 ml / 2 žličice smeđeg šećera

Svinjska rebra narežite na komade od 2,5 cm. Pomiješajte sa 60 ml / 4 žlice soja umaka i vinom ili šerijem i ostavite da omekša 1 sat, povremeno miješajući. Procijedite, bacite kiseli krastavac. Premažite rebra u jaje, a zatim u kukuruznu krupicu. Zagrijte ulje i pržite rebarca, jedno po jedno, dok ne porumene. Dobro procijediti. Zagrijte ulje od kikirikija (kikiriki) i pržite luk dok ne bude proziran. Dodajte juhu, preostali sojin umak,

umak od rajčice i smeđi šećer i kuhajte, miješajući, 1 minutu. Dodajte rebra i kuhajte 10 minuta.

svinjetina na žaru

Za 4 do 6 porcija

1,25 kg / 3 lb svinjske lopatice bez kosti
2 češnja protisnutog češnjaka
2 zelena luka (majka), nasjeckana
250 ml / 8 tečnih oz / 1 šalica soja umaka
120 ml / 4 fl oz / ½ šalice rižinog vina ili suhog šerija
100 g / 4 oz / ½ šalice smeđeg šećera
5 ml / 1 žličica soli

Stavite svinjetinu u zdjelu. Pomiješajte ostale sastojke, prelijte preko mesa, poklopite i ostavite da se marinira 3 sata. Prebacite svinjetinu i marinadu u posudu za pečenje i pecite u prethodno zagrijanoj pećnici na 200°C/400°F/plinska oznaka 6 10 minuta. Smanjite temperaturu na 160°C/325°F/plinska oznaka 3 1¾ sata dok se svinjetina ne skuha.

Hladna svinjetina sa senfom

za 4 osobe

1 kg / 2 lb pečene svinjetine bez kostiju
250 ml / 8 tečnih oz / 1 šalica soja umaka
120 ml / 4 fl oz / ½ šalice rižinog vina ili suhog šerija
100 g / 4 oz / ½ šalice smeđeg šećera
3 mlada luka, nasjeckana
5 ml / 1 žličica soli
30 ml / 2 žlice senfa u prahu

Stavite svinjetinu u zdjelu. Pomiješajte sve preostale sastojke osim senfa i prelijte preko mesa. Marinirajte najmanje 2 sata uz često podlijevanje. Obložite posudu za pečenje aluminijskom folijom i stavite svinjetinu na rešetku u posudu. Pecite u prethodno zagrijanoj pećnici na 200°C / 400°F / plinska oznaka 6 10 minuta, a zatim smanjite temperaturu na 160°C / 325°F / plinska oznaka 3 i pecite još 1¾ sata dok svinjetina ne omekša. Pustite da se ohladi i potom ohladite. Narežite na vrlo tanke ploške. Pomiješajte senf u prahu s dovoljno vode da dobijete kremastu pastu koju ćete poslužiti uz svinjetinu.

svinjetina na kineski način

za 6

1,25 kg / 3 lb svinjetine, debele kriške
2 režnja sitno nasjeckanog češnjaka
30 ml / 2 žlice rižinog vina ili suhog šerija
15 ml / 1 žlica smeđeg šećera
15 ml / 1 žlica meda
90 ml / 6 žlica soja umaka
2,5 ml / ½ žličice pet začina u prahu

Stavite svinjetinu u plitki tanjur. Pomiješajte preostale sastojke, prelijte preko mesa, poklopite i marinirajte u hladnjaku preko noći, povremeno okrećući i podlijevajući.

Svinjske ploške složite na rešetku u posudu za pečenje nalivenu malo vode i pokapajte marinadom. Pecite u prethodno zagrijanoj pećnici na 180°C/350°F/plinska oznaka 5 oko 1 sat, povremeno podlijevajući, dok svinjetina ne bude pečena.

svinjetina sa špinatom

6 do 8 osoba

30 ml / 2 žlice ulja od kikirikija

1,25 kg / 3 lb svinjskog lungića

250 ml / 8 tečnih oz / 1 šalica pileće juhe

15 ml / 1 žlica smeđeg šećera

60 ml / 4 žlice soja umaka

900 g / 2 lb špinata

Zagrijte ulje i popržite meso sa svih strana. Eliminira većinu ulja. Dodajte juhu, šećer i sojin umak, zakuhajte, poklopite i kuhajte dok se svinjetina ne skuha, oko 2 sata. Meso izvadite iz tepsije i ostavite da se malo ohladi pa ga narežite. U tavu dodajte špinat i lagano miješajući kuhajte na laganoj vatri dok ne uvene. Ocijedite špinat i stavite ga na vrući tanjur za posluživanje. Na vrh stavite ploške svinjetine i poslužite.

pržene svinjske okruglice

za 4 osobe

450 g / 1 lb mljevene svinjetine
1 kriška korijena đumbira, nasjeckana
15 ml / 1 žlica kukuruznog brašna (kukuruzni škrob)
15 ml / 1 žlica vode
2,5 ml / ½ žličice soli
10 ml / 2 žličice soja umaka
Ulje za prženje

Pomiješajte svinjetinu i đumbir. Pomiješajte kukuruzno brašno, vodu, sol i sojin umak pa smjesu dodajte svinjetini i dobro promiješajte. Praviti kuglice veličine oraha. Zagrijte ulje i pržite polpete dok ne isplivaju na površinu ulja. Izvadite iz ulja i ponovno zagrijte. Svinjetinu vratite u tavu i pržite 1 minutu. Dobro procijediti.

Rolice od jaja od svinjetine i škampa

za 4 osobe

30 ml / 2 žlice ulja od kikirikija

225g/8oz mljevene svinjetine (mljevene)

225 g škampi

100g/4oz kineskog lišća, nasjeckanog

100g/4oz izdanaka bambusa, narezanih na trakice

100g/4oz vodenog kestena, narezanog na trakice

10 ml / 2 žličice soja umaka

5 ml / 1 žličica soli

5 ml / 1 žličica šećera

3 mlada luka (mladi luk), sitno nasjeckana

8 ljuski rolada od jaja

Ulje za prženje

Zagrijte ulje i pržite svinjetinu dok ne porumeni. Dodajte škampe i pržite 1 minutu. Dodajte kinesko lišće, mladice bambusa, vodene kestene, sojin umak, sol i šećer i pirjajte 1 minutu, zatim poklopite i kuhajte 5 minuta. Dodajte mladi luk, stavite u cjedilo i pustite da se ocijedi.

Zagrabite nekoliko žlica smjese za punjenje u središte korice svakog koluta od jaja, preklopite dno, preklopite sa strane i zatim zarolajte da obuhvatite nadjev. Pokrijte rub s malo mješavine brašna i vode i ostavite da se suši 30 minuta. Zagrijte ulje i pecite rolice od jaja dok ne postanu hrskave i zlatne, oko 10 minuta. Dobro ocijedite prije posluživanja.

svinjetina kuhana na pari

za 4 osobe

450 g / 1 lb mljevene svinjetine
5 ml / 1 žličica kukuruznog brašna (kukuruzni škrob)
2,5 ml / ½ žličice soli
10 ml / 2 žličice soja umaka

Svinjetinu pomiješajte s ostalim sastojcima i smjesu rasporedite u plitku vatrostalnu posudu. Stavite kuhalo na paru iznad kipuće vode i kuhajte na pari dok ne bude kuhano, oko 30 minuta. Poslužite vruće.

Pirjana svinjetina s mesom rakova

za 4 osobe

8 unci/225 g mesa rakova, narezanog na kockice
100 g nasjeckanih gljiva
100g/4oz izdanaka bambusa, nasjeckanih
5 ml / 1 žličica kukuruznog brašna (kukuruzni škrob)
2,5 ml / ½ žličice soli
225 g kuhane svinjetine, narezane na ploške
1 bjelanjak, lagano tučen
Ulje za prženje
15 ml / 1 žlica nasjeckanog svježeg peršina

Umiješajte meso rakova, gljive, izdanke bambusa, kukuruznu krupicu i veći dio soli. Meso narežite na kvadrate od 5 cm. Napravite sendviče s mješavinom rakova. Preliti bjelanjkom. Zagrijte ulje i malo po malo pecite sendviče dok ne porumene. Dobro procijediti. Poslužite posuto peršinom.

Svinjetina s klicama graha

za 4 osobe

30 ml / 2 žlice ulja od kikirikija

2,5 ml / ½ žličice soli

2 češnja protisnutog češnjaka

450 g / 1 lb klica graha

225g/8oz kuhane svinjetine, narezane na kocke

120 ml / 4 fl oz / ½ šalice pileće juhe

15 ml / 1 žlica sojinog umaka

15 ml / 1 žlica rižinog vina ili suhog šerija

5 ml / 1 žličica šećera

15 ml / 1 žlica kukuruznog brašna (kukuruzni škrob)

2,5 ml / ½ žličice sezamovog ulja

3 mlada luka, nasjeckana

Zagrijte ulje i popržite sol i češnjak dok lagano ne porumene. Dodajte klice graha i svinjetinu i kuhajte 2 minute. Dodajte pola juhe, zakuhajte, poklopite i kuhajte 3 minute. Preostalu juhu pomiješajte s ostalim sastojcima, umiješajte u posudu, ponovno zakuhajte i kuhajte uz miješanje 4 minute. Poslužite posuto vlascem.

Jednostavno prženje piletine

za 4 osobe

1 pileća prsa, tanko narezana
2 kriške nasjeckanog korijena đumbira
2 zelena luka (majka), nasjeckana
15 ml / 1 žlica kukuruznog brašna (kukuruzni škrob)
15 ml / 1 žlica rižinog vina ili suhog šerija
30 ml / 2 žlice vode
2,5 ml / ½ žličice soli
45 ml / 3 žlice ulja od kikirikija (kikiriki)
100g / 4oz mladica bambusa, narezanih
100g/4oz šampinjona, narezanih
100g/4oz klica graha
15 ml / 1 žlica sojinog umaka
5 ml / 1 žličica šećera
120 ml / 4 fl oz / ½ šalice pileće juhe

Stavite piletinu u zdjelu. Pomiješajte đumbir, mladi luk, kukuruzni škrob, vino ili šeri, vodu i sol, dodajte piletini i ostavite da odstoji 1 sat. Zagrijte pola ulja i ispecite piletinu dok lagano ne porumeni pa je izvadite iz tave. Zagrijte preostalo ulje i pržite mladice bambusa, gljive i klice graha 4 minute. Dodajte sojin umak, šećer i juhu, pustite da zavrije, poklopite i kuhajte 5 minuta dok povrće ne omekša. Vratite piletinu u tavu, dobro promiješajte i lagano zagrijte prije posluživanja.

Piletina s umakom od rajčice

za 4 osobe

30 ml / 2 žlice ulja od kikirikija

5 ml / 1 žličica soli

2 češnja protisnutog češnjaka

450 g / 1 lb piletine, narezane na kocke

300 ml / ½ pt / 1¼ šalice pileće juhe

120 ml / 4 fl oz / ½ šalice umaka od rajčice (ketchup)

15 ml / 1 žlica kukuruznog brašna (kukuruzni škrob)

4 mlada luka (mladi luk), narezana na ploške

Zagrijte ulje sa soli i češnjakom dok češnjak ne postane lagano zlatne boje. Dodajte piletinu i pržite dok lagano ne porumeni. Dodajte veći dio juhe, zakuhajte, poklopite i pustite da lagano kuha dok piletina ne omekša, oko 15 minuta. Preostalu vodu pomiješajte s umakom od rajčice i kukuruznim brašnom i dodajte u tavu. Kuhajte na laganoj vatri uz miješanje dok se umak ne zgusne i postane bistar. Ako je umak previše tekuć, pustite da se lagano kuha dok se ne reducira. Dodajte vlasac i kuhajte 2 minute prije posluživanja.

piletina s rajčicom

za 4 osobe

225g/8oz piletine, narezane na kockice
15 ml / 1 žlica kukuruznog brašna (kukuruzni škrob)
15 ml / 1 žlica sojinog umaka
15 ml / 1 žlica rižinog vina ili suhog šerija
45 ml / 3 žlice ulja od kikirikija (kikiriki)
1 glavica luka nasjeckana na kockice
60 ml / 4 žlice pileće juhe
5 ml / 1 žličica soli
5 ml / 1 žličica šećera
2 rajčice, bez kože i nasjeckane

Prelijte piletinu kukuruznim škrobom, soja umakom i vinom ili šerijem i ostavite da odstoji 30 minuta. Zagrijte ulje i pržite piletinu dok lagano ne porumeni. Dodajte luk i pržite dok ne omekša. Dodajte juhu, sol i šećer, zakuhajte i lagano miješajte na laganoj vatri dok se piletina ne skuha. Dodajte rajčice i miješajte dok se ne zagriju.

Piletina s pirjanom rajčicom

za 4 osobe

4 porcije piletine
4 rajčice, bez kože i narezane na četvrtine
15 ml / 1 žlica rižinog vina ili suhog šerija
15 ml / 1 žlica ulja od kikirikija
sol

Stavite piletinu u posudu i prelijte hladnom vodom. Pustite da zavrije, poklopite i kuhajte na laganoj vatri 20 minuta. Dodajte rajčice, vino ili šeri, ulje i sol, poklopite i kuhajte još 10 minuta dok piletina ne bude pečena. Piletinu stavite na zagrijani tanjur za posluživanje i narežite i poslužite. Zagrijte umak i prelijte piletinu za posluživanje.

Piletina i rajčice s umakom od crnog graha

za 4 osobe

45 ml / 3 žlice ulja od kikirikija (kikiriki)
1 češanj protisnutog češnjaka
45 ml / 3 žlice umaka od crnog graha
225g/8oz piletine, narezane na kockice
15 ml / 1 žlica rižinog vina ili suhog šerija
5 ml / 1 žličica šećera
15 ml / 1 žlica sojinog umaka
90 ml / 6 žlica pileće juhe
3 rajčice, oguljene i narezane na četvrtine
10 ml / 2 žličice kukuruznog brašna (kukuruzni škrob)
45 ml / 3 žlice vode

Zagrijte ulje i pržite češnjak 30 sekundi. Dodajte umak od crnog graha i pržite 30 sekundi, zatim dodajte piletinu i miješajte dok se dobro ne prekrije uljem. Dodajte vino ili šeri, šećer, sojin umak i juhu, pustite da zavrije, poklopite i kuhajte dok se piletina ne skuha, oko 5 minuta. Pomiješajte kukuruzno brašno i vodu u pastu, umiješajte u tavu i kuhajte miješajući dok se umak ne razrijedi i zgusne.

Brzo kuhana piletina s povrćem

za 4 osobe

1 bjelanjak
50 g kukuruznog brašna (kukuruzni škrob)
225 g pilećih prsa, narezanih na trakice
75 ml / 5 žlica ulja od kikirikija (kikiriki)
200g/7oz izdanaka bambusa, narezanih na trakice
50 g / 2 oz klica graha
1 zelena paprika narezana na trakice
3 mlada luka (mladi luk), narezana na ploške
1 kriška korijena đumbira, nasjeckana
1 režanj nasjeckanog češnjaka
15 ml / 1 žlica rižinog vina ili suhog šerija

Umutite bjelanjke i kukuruzni škrob pa u smjesu umočite pileće trakice. Zagrijte ulje na srednje jakoj vatri i pržite piletinu nekoliko minuta dok ne bude pečena. Izvadite iz posude i dobro ocijedite. Dodajte mladice bambusa, klice graha, papriku, luk, đumbir i češnjak u tavu i pirjajte 3 minute. Dodajte vino ili šeri i vratite piletinu u tavu. Dobro promiješajte i zagrijte prije posluživanja.

piletina s lješnjacima

za 4 osobe

45 ml / 3 žlice ulja od kikirikija (kikiriki)
2 zelena luka (majka), nasjeckana
1 kriška korijena đumbira, nasjeckana
1 funta/450 g pilećih prsa, vrlo tanko narezanih
50g/2oz šunke, izmrvljene
30 ml / 2 žlice soja umaka
30 ml / 2 žlice rižinog vina ili suhog šerija
5 ml / 1 žličica šećera
5 ml / 1 žličica soli
100 g / 4 oz / 1 šalica nasjeckanih oraha

Zagrijte ulje i pržite luk i đumbir 1 minutu. Dodajte piletinu i šunku i pržite 5 minuta dok ne bude gotovo kuhano. Dodajte soja umak, vino ili šeri, šećer i sol i pržite 3 minute. Dodajte lješnjake i pržite 1 minutu dok se sastojci dobro ne sjedine.

oraha piletina

za 4 osobe

100 g / 4 oz / 1 šalica oljuštenih oraha, prepolovljenih
Ulje za prženje
45 ml / 3 žlice ulja od kikirikija (kikiriki)
2 kriške nasjeckanog korijena đumbira
225g/8oz piletine, narezane na kockice
100g / 4oz mladica bambusa, narezanih
75 ml / 5 žlica pileće juhe

Pripremiti lješnjake, zagrijati ulje i pržiti lješnjake dok ne porumene i dobro ih ocijediti. Zagrijte kikiriki ulje i pržite đumbir 30 sekundi. Dodajte piletinu i pržite dok lagano ne porumeni. Dodajte preostale sastojke, zakuhajte i kuhajte uz miješanje dok piletina ne bude kuhana.

Piletina s vodenim kestenima

za 4 osobe

45 ml / 3 žlice ulja od kikirikija (kikiriki)
2 češnja protisnutog češnjaka
2 zelena luka (majka), nasjeckana
1 kriška korijena đumbira, nasjeckana
225g/8oz pilećih prsa, narezanih
100g/4oz vodenih kestena, narezanih
45 ml / 3 žlice soja umaka
15 ml / 1 žlica rižinog vina ili suhog šerija
5 ml / 1 žličica kukuruznog brašna (kukuruzni škrob)

Zagrijte ulje i popržite češnjak, mladi luk i đumbir dok lagano ne porumene. Dodajte piletinu i pržite 5 minuta. Dodajte vodene kestene i pržite 3 minute. Dodajte sojin umak, vino ili šeri i kukuruznu krupicu i pirjajte dok se piletina ne skuha, oko 5 minuta.

Slana piletina s vodenim kestenima

za 4 osobe

30 ml / 2 žlice ulja od kikirikija

4 komada piletine

3 mlada luka, nasjeckana

2 češnja protisnutog češnjaka

1 kriška korijena đumbira, nasjeckana

250 ml / 8 tečnih oz / 1 šalica soja umaka

30 ml / 2 žlice rižinog vina ili suhog šerija

30 ml / 2 žlice smeđeg šećera

5 ml / 1 žličica soli

375 ml / 13 fl oz / 1¼ šalice vode

225g/8oz vodenih kestena, narezanih

15 ml / 1 žlica kukuruznog brašna (kukuruzni škrob)

Zagrijte ulje i pržite komade piletine dok ne porumene. Dodajte vlasac, češnjak i đumbir te pržite 2 minute. Dodajte soja umak, vino ili šeri, šećer i sol i dobro promiješajte. Dodajte vodu i zakuhajte, poklopite i kuhajte 20 minuta. Dodajte vodene kestene, poklopite i kuhajte još 20 minuta. Kukuruzno brašno pomiješajte s malo vode, dodajte u umak i kuhajte uz miješanje dok se umak ne razrijedi i zgusne.

pileće okruglice

za 4 osobe

4 sušene kineske gljive

450 g / 1 lb pilećih prsa, nasjeckanih

225 g miješanog povrća, nasjeckanog

1 mladi luk (mladi luk), nasjeckan

15 ml / 1 žlica sojinog umaka

2,5 ml / ½ žličice soli

40 wonton izgled

1 umućeno jaje

Gljive namočite u toploj vodi 30 minuta, zatim ocijedite. Odbacite peteljke i nasjeckajte vrhove. Pomiješajte s piletinom, povrćem, soja umakom i soli.

Da biste presavili wontone, držite kožu lijevim dlanom i stavite malo punjenja u sredinu. Navlažite rubove jajetom i presavijte kožu u trokut, zalijepite rubove. Kutove navlažiti jajetom i okrenuti.

Zakuhajte lonac vode. Dodajte wontons i kuhajte dok se ne dignu do vrha, oko 10 minuta.

hrskava pileća krilca

za 4 osobe

900 g / 2 lb pilećih krilaca

60 ml / 4 žlice rižinog vina ili suhog šerija

60 ml / 4 žlice soja umaka

50 g / 2 oz / ½ šalice kukuruznog brašna (kukuruzni škrob)

ulje od kikirikija za prženje

Stavite pileća krilca u zdjelu. Pomiješajte preostale sastojke i prelijte preko pilećih krilaca, dobro promiješajte da se prekriju umakom. Pokrijte i ostavite da odstoji 30 minuta. Zagrijte ulje i pecite piletinu nekoliko puta dok ne bude pečena i tamno smeđa. Dobro ocijedite na kuhinjskom papiru i držite na toplom dok se preostala piletina peče.

Pileća krilca s pet začina

za 4 osobe

30 ml / 2 žlice ulja od kikirikija

2 češnja protisnutog češnjaka

450 g / 1 lb pilećih krilaca

250 ml / 8 tečnih oz / 1 šalica pileće juhe

30 ml / 2 žlice soja umaka

5 ml / 1 žličica šećera

5 ml / 1 žličica pet začina u prahu

Zagrijte ulje i češnjak dok češnjak ne dobije laganu zlatnu boju. Dodajte piletinu i pržite dok lagano ne porumeni. Dodajte preostale sastojke, dobro promiješajte i pustite da zavrije. Poklopite i kuhajte dok se piletina ne skuha, oko 15 minuta. Maknite poklopac i nastavite kuhati na laganoj vatri uz povremeno miješanje dok većina tekućine ne ispari. Poslužite toplo ili hladno.

Marinirana pileća krilca

za 4 osobe

45 ml / 3 žlice soja umaka

45 ml / 3 žlice rižinog vina ili suhog šerija

30 ml / 2 žlice smeđeg šećera

5 ml / 1 žličica naribanog korijena đumbira

2 češnja protisnutog češnjaka

6 mladog luka (mladi luk), narezanog na ploške

450 g / 1 lb pilećih krilaca

30 ml / 2 žlice ulja od kikirikija

225g / 8oz mladica bambusa, narezanih

20 ml / 4 žličice kukuruznog brašna (kukuruzni škrob)

175 ml / 6 fl oz / ¾ šalice pileće juhe

Pomiješajte soja umak, vino ili šeri, šećer, đumbir, češnjak i vlasac. Dodajte pileća krilca i promiješajte da se potpuno prekriju. Pokrijte i ostavite da odstoji 1 sat, povremeno miješajući. Zagrijte ulje i pržite mladice bambusa 2 minute. Izvadite ih iz posude. Ocijedite piletinu i luk, a marinadu ostavite. Zagrijte ulje i pržite piletinu sa svih strana dok ne porumeni. Poklopite i kuhajte još 20 minuta dok piletina ne omekša. Pomiješajte kukuruzni škrob s juhom i sačuvanom marinadom. Prelijte preko piletine i pirjajte uz miješanje dok se umak ne zgusne. Dodajte mladice bambusa i kuhajte uz miješanje još 2 minute.

Kraljevska pileća krilca

za 4 osobe

12 pilećih krilaca

250 ml / 8 fl oz / 1 šalica maslaca od kikirikija (kikiriki)

15 ml / 1 žlica granuliranog šećera

2 mlada luka (mladi luk), narezana na komade

5 kriški korijena đumbira

5 ml / 1 žličica soli

45 ml / 3 žlice soja umaka

250 ml / 8 tečnih oz / 1 šalica rižinog vina ili suhog šerija

250 ml / 8 tečnih oz / 1 šalica pileće juhe

10 kriški izdanaka bambusa

15 ml / 1 žlica kukuruznog brašna (kukuruzni škrob)

15 ml / 1 žlica vode

2,5 ml / ½ žličice sezamovog ulja

Nakon što ste pileća krilca kuhali u kipućoj vodi 5 minuta, temeljito ocijedite vodu. Zagrijte ulje, dodajte šećer i miješajte dok se ne rastopi i porumeni. Dodajte piletinu, zeleni luk, đumbir, sol, sojin umak, vino i juhu, zakuhajte i kuhajte 20 minuta. Dodajte mladice bambusa i kuhajte 2 minute ili dok tekućina gotovo potpuno ne ispari. Pomiješajte kukuruzno brašno i vodu, stavite u lonac i miješajte dok se ne zgusne. Na vrući tanjur za posluživanje stavite pileća krilca i poslužite sa sezamovim uljem.

Začinjena pileća krilca

za 4 osobe

30 ml / 2 žlice ulja od kikirikija

5 ml / 1 žličica soli

2 češnja protisnutog češnjaka

900 g / 2 lb pilećih krilaca

30 ml / 2 žlice rižinog vina ili suhog šerija

30 ml / 2 žlice soja umaka

30 ml / 2 žlice pirea od rajčice (pasta)

15 ml / 1 žlica Worcestershire umaka

Zagrijte ulje, sol i češnjak te pržite dok češnjak malo ne porumeni. Dodajte pileća krilca i pržite, često miješajući, dok ne porumene i budu gotovo kuhana, oko 10 minuta. Dodajte preostale sastojke i pirjajte dok piletina ne postane hrskava i kuhana, oko 5 minuta.

Pileći bataci na žaru

za 4 osobe

16 pilećih bataka

30 ml / 2 žlice rižinog vina ili suhog šerija

30 ml / 2 žlice vinskog octa

30 ml / 2 žlice maslinovog ulja

sol i svježe mljeveni crni papar

120 ml / 4 fl oz / ½ šalice soka od naranče

30 ml / 2 žlice soja umaka

30 ml / 2 žlice meda

15 ml / 1 žlica soka od limuna

2 kriške nasjeckanog korijena đumbira

120 ml / 4 fl oz / ½ šalice čili umaka

Pomiješajte sve sastojke osim čili umaka, pokrijte i ostavite da se marinira u hladnjaku preko noći. Piletinu izvadite iz marinade i pecite na roštilju ili roštilju (roštilju) oko 25 minuta, dok se kuha okrećući i podlijevajući ljutim umakom.

Hoisin pileća zabatka

za 4 osobe

8 pilećih bataka
600 ml / 1 pt / 2½ šalice pileće juhe
sol i svježe mljeveni crni papar
250 ml / 8 tečnih oz / 1 šalica hoisin umaka
30 ml / 2 žlice glatkog brašna (višenamjenskog)
2 umućena jaja
100 g / 4 oz / 1 šalica krušnih mrvica
Ulje za prženje

Stavite batake i juhu u tavu, zakuhajte, poklopite i kuhajte 20 minuta dok ne zakuhaju. Piletinu izvadite iz posude i osušite kuhinjskim papirom. Stavite piletinu u zdjelu i začinite solju i paprom. Prelijte umakom od hoisina i marinirajte 1 sat. Evakuiram. Piletinu udubite u brašno, pa u jaje i prezle, pa opet u jaje i prezle. Zagrijte ulje i pržite piletinu dok ne porumeni, oko 5 minuta. Ocijedite na kuhinjskom papiru i poslužite toplo ili hladno.

pržena piletina

Za 4 do 6 porcija

75 ml / 5 žlica ulja od kikirikija (kikiriki)
1 piletina
3 mlada luka (mladi luk), narezana na ploške
3 kriške korijena đumbira
120 ml / 4 fl oz / ½ šalice soja umaka
30 ml / 2 žlice rižinog vina ili suhog šerija
5 ml / 1 žličica šećera

Zagrijte ulje i pržite piletinu dok ne porumeni. Dodajte zeleni luk, đumbir, sojin umak i vino ili šeri i pustite da prokuha. Poklopite i kuhajte 30 minuta, povremeno okrećući. Dodajte šećer, poklopite i kuhajte još 30 minuta dok piletina ne bude pečena.

hrskavo pržena piletina

za 4 osobe

1 piletina

sol

30 ml / 2 žlice rižinog vina ili suhog šerija

3 mlada luka (mladi luk), nasjeckana

1 kriška korijena đumbira

30 ml / 2 žlice soja umaka

30 ml / 2 žlice šećera

5 ml / 1 žličica cijelih klinčića

5 ml / 1 žličica soli

5 ml / 1 žličica crnog papra

150 ml / ¼ pt / izdašne ½ šalice pileće juhe

Ulje za prženje

1 zelena salata, nasjeckana

4 rajčice, narezane na ploške

½ krastavca, narezanog na ploške

Natrljajte piletinu solju i ostavite da odstoji 3 sata. Isperite i stavite u zdjelu. Dodajte vino ili sherry, đumbir, sojin umak, šećer, klinčiće, sol, papar i juhu te dobro promiješajte. Stavite zdjelu u posudu za kuhanje na pari, poklopite i kuhajte na pari dok se piletina ne skuha, oko 2 ¼ sata. Evakuiram. Zagrijte ulje dok se ne zadimi pa dodajte piletinu i pržite dok ne porumeni. Pržiti još 5 minuta, izvaditi iz ulja i ocijediti. Narežite na ploške i stavite na vrući tanjur za posluživanje. Ukrasite zelenom salatom, rajčicom i krastavcem te poslužite s umakom od soli i papra.

Cijelo prženo pile

za 5 osoba

1 piletina
10 ml / 2 žličice soli
15 ml / 1 žlica rižinog vina ili suhog šerija
2 mlada luka (mladi luk), prepolovljena
3 kriške korijena đumbira, narezane na trakice
Ulje za prženje

Osušite piletinu i istrljajte kožu solju i vinom ili šerijem. Stavite vlasac i đumbir u udubljenje. Ostavite piletinu da se suši na hladnom mjestu oko 3 sata. Zagrijte ulje i stavite piletinu u košaru za prženje. Nježno ga spustite u ulje i neprestano ga pržite izvana i iznutra dok piletina ne dobije laganu boju. Izvadite iz ulja i pustite da se malo ohladi uz zagrijavanje ulja. Ponovno pržite dok ne porumeni. Dobro ocijedite i zatim narežite na komade.

pet začina piletina

Za 4 do 6 porcija

1 piletina

120 ml / 4 fl oz / ½ šalice soja umaka

2,5 cm/1 inča korijena đumbira, nasjeckanog

1 češanj protisnutog češnjaka

15 ml / 1 žlica pet začina u prahu

30 ml / 2 žlice rižinog vina ili suhog šerija

30 ml / 2 žlice meda

2,5 ml / ½ žličice sezamovog ulja

Ulje za prženje

30 ml / 2 žlice soli

5 ml / 1 žličica svježe mljevenog papra

Stavite piletinu u veliki lonac i napunite vodom do sredine buta. Sačuvajte 15 ml / 1 žlicu soja umaka, a ostatak dodajte u tavu s đumbirom, češnjakom i polovicom pet začina u prahu. Zakuhajte, poklopite i kuhajte na laganoj vatri 5 minuta. Ugasite štednjak i pustite da se piletina namače dok voda ne postane mlaka. Evakuiram.

Piletinu prerežite po dužini na pola i stavite je prerezanom stranom prema dolje na lim za pečenje. Pomiješajte preostali soja umak i pet začina u prahu s vinom ili šerijem, medom i sezamovim uljem. Namažite smjesu na piletinu i ostavite da odstoji 2 sata, povremeno premažući smjesom. Zagrijte ulje i pržite pileće polovice dok ne porumene i zapeku oko 15 minuta. Ocijedite na kuhinjskom papiru i narežite na porcije.

U međuvremenu pomiješajte sol i papar te zagrijte na suhoj tavi oko 2 minute. Poslužite kao umak uz piletinu.

Piletina s đumbirom i vlascem

za 4 osobe

1 piletina
2 kriške korijena đumbira, narezane na trakice
sol i svježe mljeveni crni papar
90 ml / 4 žlice ulja od kikirikija
8 mladog luka (mladi luk), sitno nasjeckanog
10 ml / 2 žličice bijelog vinskog octa
5 ml / 1 žličica soja umaka

Stavite piletinu u veliki lonac, dodajte pola đumbira i ulijte toliko vode da skoro prekrije piletinu. Posolite i popaprite. Zakuhajte, poklopite i kuhajte dok ne omekša, oko 1¼ sata. Ostavite piletinu u juhi dok se ne ohladi. Ocijedite piletinu i stavite u hladnjak da se ohladi. Narežite na porcije.

Ostatak đumbira naribajte i pomiješajte s uljem, mladim lukom, vinskim octom i sojinim umakom, soli i paprom. Ostavite u hladnjaku 1 sat. Stavite komade piletine na tanjur za posluživanje i prelijte ih umakom od đumbira. Poslužite uz kuhanu rižu.

Kuhana piletina

za 4 osobe

1 piletina

1,2 l / 2 boda / 5 šalica pileće juhe ili vode

30 ml / 2 žlice rižinog vina ili suhog šerija

4 mladog luka (zeleni luk), nasjeckanog

1 kriška korijena đumbira

5 ml / 1 žličica soli

Stavite piletinu u veliki lonac sa svim preostalim sastojcima. Juha ili voda trebaju doći do sredine buta. Zakuhajte, poklopite i kuhajte dok se piletina ne skuha, oko 1 sat. Procijedite, a vodu ostavite za juhe.

Crveno pečeno pile

za 4 osobe

1 piletina

250 ml / 8 tečnih oz / 1 šalica soja umaka

Stavite piletinu u tepsiju, prelijte soja umakom i zalijte vodom tako da skoro prekrije piletinu. Zakuhajte, poklopite i kuhajte, povremeno okrećući, dok se piletina ne skuha, oko 1 sat.

Pikantna crvena pečena piletina

za 4 osobe

2 kriške korijena đumbira

2 mladog luka (mladi luk)

1 piletina

3 češnja anisa

½ štapića cimeta

15 ml / 1 žlica sečuanskog crnog papra

75 ml / 5 žlica soja umaka

75 ml / 5 žlica rižinog vina ili suhog šerija

75 ml / 5 žlica sezamovog ulja

15 ml / 1 žlica šećera

Stavite đumbir i zeleni luk u pileću šupljinu i stavite piletinu u tavu. Zvjezdasti anis, cimet i crni papar zamotajte u gazu i dodajte u tavu. Prelijte soja umakom, vinom ili šerijem i sezamovim uljem. Zakuhajte, poklopite i kuhajte na laganoj vatri oko 45 minuta. Dodajte šećer, poklopite i kuhajte još 10 minuta dok se piletina ne skuha.

Piletina sa sezamom na žaru

za 4 osobe

50 g / 2 oz sjemenki sezama
1 sitno nasjeckani luk
2 češnja nasjeckanog češnjaka
10 ml / 2 žličice soli
1 sušena crvena paprika, mljevena
prstohvat klinčića
2,5 ml / ½ žličice mljevenog kardamoma
2,5 ml / ½ žličice mljevenog đumbira
75 ml / 5 žlica ulja od kikirikija (kikiriki)
1 piletina

Pomiješajte sve začine i ulje i premažite piletinu. Stavite u posudu za pečenje i dodajte 30 ml / 2 žlice vode u posudu. Pecite u prethodno zagrijanoj pećnici na 180°C/350°F/plinska oznaka 4 oko 2 sata, podlijevajući i povremeno okrećući piletinu, dok ne porumeni i bude pečeno. Po potrebi dodajte još malo vode da ne zagori.

piletina u soja umaku

Za 4 do 6 porcija

300 ml / ½ pt / 1 ¼ šalice soja umaka

300 ml / ½ pt / 1 ¼ šalice rižinog vina ili suhog šerija

1 kosani luk

3 kriške nasjeckanog korijena đumbira

50 g / 2 oz / ¼ šalice šećera

1 piletina

15 ml / 1 žlica kukuruznog brašna (kukuruzni škrob)

60 ml / 4 žlice vode

1 krastavac, oguljen i narezan na ploške

30 ml / 2 žlice nasjeckanog svježeg peršina

Pomiješajte sojin umak, vino ili šeri, luk, đumbir i šećer u tavi i zakuhajte. Dodajte piletinu, ponovno zakuhajte, poklopite i kuhajte 1 sat, povremeno okrećući piletinu, dok ne bude kuhana. Stavite piletinu na vrući tanjur za posluživanje i narežite je. Ulijte sve osim 250 ml / 8 tečnih oz / 1 šalice u tekućinu za kuhanje i ponovno zakuhajte. Pomiješajte kukuruzno brašno i vodu u pastu, umiješajte u tavu i kuhajte miješajući dok se umak ne razrijedi i zgusne. Preko piletine

prelijte umak i ukrasite piletinu krastavcem i peršinom.
Preostali umak poslužite posebno.

piletina kuhana na pari

za 4 osobe

1 piletina
45 ml / 3 žlice rižinog vina ili suhog šerija
sol
2 kriške korijena đumbira
2 mladog luka (mladi luk)
250 ml / 8 tečnih oz / 1 šalica pileće juhe

Stavite piletinu u zdjelu otpornu na pećnicu i natrljajte je vinom ili šerijem i posolite, zatim stavite đumbir i mladi luk u udubljenje. Zdjelu stavite na rešetku u loncu za kuhanje na pari, poklopite i kuhajte na pari iznad kipuće vode dok se ne skuha, oko 1 sat. Poslužite toplo ili hladno.

Piletina kuhana na pari s anisom

za 4 osobe

250 ml / 8 tečnih oz / 1 šalica soja umaka
250 ml / 8 fl oz / 1 čaša vode
15 ml / 1 žlica smeđeg šećera
4 češnja anisa
1 piletina

U lonac stavite soja umak, vodu, šećer i anis te kuhajte na laganoj vatri. Stavite piletinu u zdjelu i dobro pokapajte smjesu izvana i iznutra. Ponovno zagrijte smjesu i ponovite. Stavite piletinu u vatrostalnu posudu. Zdjelu stavite na rešetku u loncu za kuhanje na pari, poklopite i kuhajte na pari iznad kipuće vode dok se ne skuha, oko 1 sat.

piletina čudnog okusa

za 4 osobe

1 piletina

5 ml / 1 žličica nasjeckanog korijena đumbira

5 ml / 1 žličica nasjeckanog češnjaka

45 ml / 3 žlice gustog soja umaka

5 ml / 1 žličica šećera

2,5 ml / ½ žličice vinskog octa

10 ml / 2 žličice umaka od sezama

5 ml / 1 žličica svježe mljevenog papra

10 ml / 2 žličice čili ulja

½ zelene salate, nasjeckane

15 ml / 1 žlica nasjeckanog svježeg korijandera

Stavite piletinu u lonac i napunite vodom dok ne dođe do sredine pilećih bataka. Zakuhajte, poklopite i kuhajte dok piletina ne omekša, oko 1 sat. Izvadite iz posude i dobro ocijedite te stavite u ledenu vodu dok se meso potpuno ne ohladi. Dobro ocijedite i nasjeckajte na 5 cm/2 komada. Sve preostale sastojke pomiješajte i prelijte preko piletine. Poslužite ukrašeno zelenom salatom i korijanderom.

hrskavi komadići piletine

za 4 osobe

100g/4oz glatkog brašna (višenamjenskog)

prstohvat soli

15 ml / 1 žlica vode

1 jaje

350 g / 12 oz kuhane piletine, narezane na kockice

Ulje za prženje

Miješajte brašno, sol, vodu i jaje dok ne dobijete prilično čvrsto tijesto, po potrebi dodajte još malo vode. Umočite komade piletine u tijesto dok se dobro ne prekriju. Zagrijte ulje dok se ne zagrije i pržite piletinu nekoliko minuta dok ne postane hrskava i zlatna.

Piletina sa zelenim grahom

za 4 osobe

45 ml / 3 žlice ulja od kikirikija (kikiriki)
450 g kuhane piletine, nasjeckane
5 ml / 1 žličica soli
2,5 ml / ½ žličice svježe mljevenog papra
8 unci/225 g zelenog graha, narezanog na komade
1 stabljika celera, dijagonalno izrezana
225g/8oz šampinjona, narezanih
250 ml / 8 tečnih oz / 1 šalica pileće juhe
30 ml / 2 žlice kukuruznog brašna (kukuruzni škrob)
60 ml / 4 žlice vode
10 ml / 2 žličice soja umaka

Zagrijte ulje i pržite piletinu, začinite je solju i paprom dok lagano ne porumeni. Dodajte mahune, celer i gljive i dobro promiješajte. Dodajte juhu, zakuhajte, poklopite i kuhajte 15 minuta. Pomiješajte kukuruzno brašno, vodu i sojin umak u pastu, umiješajte u tavu i kuhajte uz miješanje dok se umak ne razrijedi i zgusne.

Pečena piletina s ananasom

za 4 osobe

45 ml / 3 žlice ulja od kikirikija (kikiriki)
225 g kuhane piletine, nasjeckane
sol i svježe mljeveni crni papar
2 stabljike celera, izrezane ukoso
3 kriške ananasa, narezane na komade
120 ml / 4 fl oz / ½ šalice pileće juhe
15 ml / 1 žlica sojinog umaka
10 ml / 2 žlice kukuruznog brašna (kukuruzni škrob)
30 ml / 2 žlice vode

Zagrijte ulje i pržite piletinu dok lagano ne porumeni. Posolite, popaprite, dodajte celer i pržite 2 minute. Dodajte ananas, juhu i sojin umak i miješajte nekoliko minuta dok se ne zagrije. Pomiješajte kukuruzno brašno i vodu u pastu, umiješajte u tavu i kuhajte miješajući dok se umak ne razrijedi i zgusne.

Piletina s paprikom i rajčicama

za 4 osobe

45 ml / 3 žlice ulja od kikirikija (kikiriki)
450 g / 1 lb kuhane piletine, narezane na kriške
10 ml / 2 žličice soli
5 ml / 1 žličica svježe mljevenog papra
1 zelena paprika nasjeckana na sitne komadiće
4 velike rajčice, bez kože i narezane na ploške
250 ml / 8 tečnih oz / 1 šalica pileće juhe
30 ml / 2 žlice kukuruznog brašna (kukuruzni škrob)
15 ml / 1 žlica sojinog umaka
120 ml / 4 fl oz / ½ šalice vode

Zagrijte ulje i popržite piletinu, posolite i popaprite. Dodajte papriku i rajčicu. Ulijte juhu, zakuhajte, poklopite i kuhajte 15 minuta. Pomiješajte kukuruzno brašno, sojin umak i vodu u pastu, umiješajte u tavu i kuhajte miješajući dok se umak ne razrijedi i zgusne.

Piletina sa sezamom

za 4 osobe

450 g / 1 lb kuhane piletine, narezane na trakice
2 kriške sitno nasjeckanog đumbira
1 mladi luk (mladi luk), sitno nasjeckan
sol i svježe mljeveni crni papar
60 ml / 4 žlice rižinog vina ili suhog šerija
60 ml / 4 žlice sezamovog ulja
10 ml / 2 žličice šećera
5 ml / 1 žličica vinskog octa
150 ml / ¼ pt / izdašne ½ šalice soja umaka

Stavite piletinu na tanjur za posluživanje i pospite đumbirom, vlascem, solju i paprom. Pomiješajte vino ili šeri, sezamovo ulje, šećer, vinski ocat i sojin umak. Preliti preko piletine.

prženi poussini

za 4 osobe

2 poussina, prerezana na pola
45 ml / 3 žlice soja umaka
45 ml / 3 žlice rižinog vina ili suhog šerija
120 ml / 4 fl oz / ½ šalice maslaca od kikirikija (kikiriki)
1 mladi luk (mladi luk), sitno nasjeckan
30 ml / 2 žlice pileće juhe
10 ml / 2 žličice šećera
5 ml / 1 žličica čili ulja
5 ml / 1 žličica paste od češnjaka
sol i papar

Stavite poussine u zdjelu. Pomiješajte soja umak i vino ili sherry, prelijte poussine, pokrijte i marinirajte 2 sata, često podlijevajući. Zagrijte ulje i pržite poussine oko 20 minuta dok ne budu pečeni. Izvadite ih iz tave i zagrijte ulje. Vratiti ih u tavu i pržiti dok ne porumene. Ocijedite veći dio ulja. Pomiješajte preostale sastojke, dodajte u tavu i brzo zagrijte. Prelijte poussine prije posluživanja.

Türkiye s Mangetoutom

za 4 osobe

60 ml / 4 žlice ulja od kikirikija
2 zelena luka (majka), nasjeckana
2 češnja protisnutog češnjaka
1 kriška korijena đumbira, nasjeckana
225 g purećih prsa, narezanih na trakice
8 unci / 225 g graška
100g/4oz izdanaka bambusa, narezanih na trakice
50g/2oz vodenog kestena, narezanog na trakice
45 ml / 3 žlice soja umaka
15 ml / 1 žlica rižinog vina ili suhog šerija
5 ml / 1 žličica šećera
5 ml / 1 žličica soli
15 ml / 1 žlica kukuruznog brašna (kukuruzni škrob)

Zagrijte 45 ml / 3 žlice ulja i popržite mladi luk, češnjak i đumbir dok lagano ne porumene. Dodajte puretinu i pržite 5 minuta. Izvadite iz posude i ostavite sa strane. Zagrijte preostalo ulje i pržite grašak, mladice bambusa i kestene 3 minute. Dodajte soja umak, vino ili šeri, šećer i sol i vratite puretinu u tavu. Pirjajte 1 minutu. Kukuruzno brašno pomiješajte s malo vode, stavite u lonac i kuhajte na laganoj vatri miješajući dok se umak ne zgusne.

puretina s paprom

za 4 osobe

4 sušene kineske gljive
30 ml / 2 žlice ulja od kikirikija
1 bok choy, izrezan na trakice
350 g dimljene puretine narezane na trakice
1 narezani luk
1 crvena paprika narezana na trakice
1 zelena paprika narezana na trakice
120 ml / 4 fl oz / ½ šalice pileće juhe
30 ml / 2 žlice pirea od rajčice (pasta)
45 ml / 3 žlice vinskog octa
30 ml / 2 žlice soja umaka
15 ml / 1 žlica hoisin umaka
10 ml / 2 žličice kukuruznog brašna (kukuruzni škrob)
nekoliko kapi čili ulja

Gljive namočite u toploj vodi 30 minuta, zatim ocijedite. Odbacite peteljke i narežite vrhove na trakice. Zagrijte pola ulja i pržite kupus oko 5 minuta ili dok ne bude pečen. Izvadite iz posude. Dodajte puretinu i pržite 1 minutu. Dodajte povrće i pržite 3 minute. Pomiješajte juhu s pireom od rajčice, vinskim octom i umacima te dodajte u tavu s kupusom. Škrob pomiješajte s malo vode, stavite u lonac i kuhajte uz miješanje. Pospite uljem od čilija i kuhajte na laganoj vatri 2 minute uz stalno miješanje.

kineska pečena purica

8 do 10 osoba

1 mala purica
600 ml / 1 bod / 2½ čaše vruće vode
10 ml / 2 žličice pimenta
500 ml / 16 fl oz / 2 šalice soja umaka
5 ml / 1 žličica sezamovog ulja
10 ml / 2 žličice soli
45 ml / 3 žlice maslaca

Puretinu stavite u tepsiju i prelijte vrućom vodom. Dodajte ostale sastojke osim maslaca i ostavite 1 sat okrećući nekoliko puta. Izvadite puretinu iz tekućine i premažite maslacem. Stavite u posudu za pečenje, malo pokrijte kuhinjskim papirom i pecite u prethodno zagrijanoj pećnici na 160°C/325°F/plinska oznaka 3 oko 4 sata, povremeno podlijevajući tekućinom od sojinog umaka. Uklonite foliju i ostavite kožicu da postane hrskava tijekom zadnjih 30 minuta kuhanja.

puretina s orasima i gljivama

za 4 osobe

450 g filea purećih prsa

sol i papar

sok od 1 naranče

15 ml / 1 žlica glatkog brašna (višenamjenskog)

12 kiselih krastavaca crnih oraha i sok

5 ml / 1 žličica kukuruznog brašna (kukuruzni škrob)

15 ml / 1 žlica ulja od kikirikija

2 mlada luka (mladi luk), nasjeckana

225g/8oz gljiva

45 ml / 3 žlice rižinog vina ili suhog šerija

10 ml / 2 žličice soja umaka

50 g / 2 oz / ½ šalice maslaca

25 g / 1 unca pinjola

Puretinu narežite na ploške debljine 1/2 cm. Začinite solju, paprom i sokom od naranče te pospite brašnom. Ocijedite i prepolovite orahe, a tekućinu ostavite, a tekućinu pomiješajte s kukuruznim škrobom. Zagrijte ulje i pržite puretinu dok ne porumeni. Dodajte mladi luk i gljive te pržite 2 minute. Dodajte vino ili šeri i sojin umak i kuhajte 30 sekundi. Dodajte lješnjake u smjesu kukuruznog brašna, zatim umiješajte u tavu i pustite da zavrije. Dodajte maslac u malim komadićima, ali ne dopustite da smjesa prokuha. Pinjole ispecite na suhoj tavi dok ne porumene. Smjesu s puretinom stavite na topli tanjur za posluživanje i poslužite ukrašeno pinjolima.

bambus izdanak patka

za 4 osobe

6 suhih kineskih gljiva
1 patka
50g/2oz dimljene šunke, narezane na trakice
100g/4oz izdanaka bambusa, narezanih na trakice
2 mlada luka (mladi luk), narezana na trakice
2 kriške korijena đumbira, narezane na trakice
5 ml / 1 žličica soli

Gljive namočite u toploj vodi 30 minuta, zatim ocijedite. Odbacite peteljke i narežite vrhove na trakice. Stavite sve sastojke u zdjelu otpornu na toplinu i stavite ih iznad posude s vodom dok zdjela ne bude puna dvije trećine. Zakuhajte, poklopite i kuhajte na laganoj vatri dok patka ne bude kuhana, oko 2 sata, po potrebi dolijevajući kipuću vodu.

patka s klicama graha

za 4 osobe

225 g / 8 unci klica graha
45 ml / 3 žlice ulja od kikirikija (kikiriki)
450 g kuhanog pačjeg mesa
15 ml / 1 žlica umaka od kamenica
15 ml / 1 žlica rižinog vina ili suhog šerija
30 ml / 2 žlice vode
2,5 ml / ½ žličice soli

Klice graha kuhajte u kipućoj vodi 2 minute, zatim ocijedite. Zagrijte ulje, pržite klice graha 30 sekundi. Dodajte patku, pirjajte dok se ne zagrije. Dodajte preostale sastojke i pržite 2 minute da se okusi prožmu. Poslužite odmah.

kuhana patka

za 4 osobe

4 mladog luka (zeleni luk), nasjeckanog
1 kriška korijena đumbira, nasjeckana
120 ml / 4 fl oz / ½ šalice soja umaka
30 ml / 2 žlice rižinog vina ili suhog šerija
1 patka
120 ml / 4 fl oz / ½ šalice maslaca od kikirikija (kikiriki)
600 ml / 1 bod / 2 ½ čaše vode
15 ml / 1 žlica smeđeg šećera

Pomiješajte mladi luk, đumbir, sojin umak i vino ili šeri i istrljajte patku iznutra i izvana. Zagrijte ulje i pržite patku dok lagano ne porumeni sa svih strana. Ocijedite ulje. Dodajte vodu i preostalu mješavinu soja umaka, zakuhajte, poklopite i kuhajte 1 sat. Dodajte šećer, poklopite i kuhajte još 40 minuta dok patka ne omekša.

Patka kuhana na pari s celerom

za 4 osobe
350 g kuhane patke, narezane na ploške

1 glavica celera
250 ml / 8 tečnih oz / 1 šalica pileće juhe
2,5 ml / ½ žličice soli
5 ml / 1 žličica sezamovog ulja
1 rajčica, narezana na ploške

Stavite patku na rešetku kuhala na pari. Celer narežite na 3 duga dijela / 7,5 cm i stavite u lonac. Ulijte juhu, posolite i stavite soparu na tavu. Zakuhajte juhu, a zatim kuhajte dok celer ne omekša i patka se ne zagrije, oko 15 minuta. Patku i celer stavite na zagrijani tanjur za posluživanje, pokapajte sezamovim uljem i poslužite ukrašeno ploškama rajčice.

patka od đumbira

za 4 osobe

350g/12oz pačjih prsa, tanko narezanih
1 jaje, lagano tučeno

5 ml / 1 žličica soja umaka

5 ml / 1 žličica kukuruznog brašna (kukuruzni škrob)

5 ml / 1 žličica ulja od kikirikija

Ulje za prženje

50g/2oz izdanaka bambusa

50 g / 2 oz snježnog graška

2 kriške nasjeckanog korijena đumbira

15 ml / 1 žlica vode

2,5 ml / ½ žličice šećera

2,5 ml / ½ žličice rižinog vina ili suhog šerija

2,5 ml / ½ žličice sezamovog ulja

Patku pomiješajte s jajetom, sojinim umakom, kukuruznim škrobom i uljem te ostavite da odstoji 10 minuta. Zagrijte ulje i pržite patku i mladice bambusa dok ne porumene i porumene. Izvadite iz posude i dobro ocijedite. Izlijte sve osim 15 ml/1 žlice iz tave i pirjajte patku, mladice bambusa, grašak, đumbir, vodu, šećer i vino ili šeri 2 minute. Poslužite sa sezamovim uljem na vrhu.

Patka sa zelenim grahom

za 4 osobe

1 patka

60 ml / 4 žlice ulja od kikirikija

2 češnja protisnutog češnjaka

2,5 ml / ½ žličice soli

1 kosani luk

15 ml / 1 žlica naribanog korijena đumbira

45 ml / 3 žlice soja umaka

120 ml / 4 fl oz / ½ šalice rižinog vina ili suhog šerija

60 ml / 4 žlice paradajz sosa (ketchup)

45 ml / 3 žlice vinskog octa

300 ml / ½ pt / 1 ¼ šalice pileće juhe

1 funta/450 g zelenog graha, narezanog na kriške

prstohvat svježe mljevenog papra

5 kapi čili ulja

15 ml / 1 žlica kukuruznog brašna (kukuruzni škrob)

30 ml / 2 žlice vode

Patku narežite na 8-10 komada. Zagrijte ulje i pržite patku dok ne porumeni. Premjestite u zdjelu. Dodajte češnjak, sol, luk, đumbir, sojin umak, vino ili šeri, umak od rajčice i vinski ocat. Promiješajte, poklopite i marinirajte u hladnjaku 3 sata.

Zagrijte ulje, dodajte patku, temeljac i marinadu, zakuhajte, poklopite i pirjajte 1 sat. Dodajte mahune, poklopite i kuhajte 15 minuta. Dodati čili papričicu i ulje. Pomiješajte kukuruzno brašno i vodu, stavite u lonac i kuhajte na laganoj vatri miješajući dok se umak ne zgusne.

pečena patka na pari

za 4 osobe

1 patka

sol i svježe mljeveni crni papar

Ulje za prženje

hoisin umak

Patku posolite i popaprite i stavite u vatrostalnu zdjelu. Stavite u lonac napunjen vodom dok ne bude dvije trećine visine posude, zakuhajte, poklopite i kuhajte dok patka ne omekša, oko 1 1/2 sat. Procijedite i ostavite da se ohladi.

Zagrijte ulje i pržite patku dok ne postane hrskava i zlatna. Izvadite i dobro ocijedite. Nasjeckajte na male komadiće i poslužite s hoisin umakom.

Patka s egzotičnim voćem

za 4 osobe

4 fileta pačjih prsa, narezana na trakice
2,5 ml / ½ žličice pet začina u prahu
30 ml / 2 žlice soja umaka
15 ml / 1 žlica sezamovog ulja
15 ml / 1 žlica ulja od kikirikija
3 stabljike celera, nasjeckane
2 kriške ananasa, nasjeckanog
100g/4oz dinje, nasjeckane
4 oz/100 g ličija, prepolovljenog
130 ml / 4 fl oz / ½ šalice pileće juhe
30 ml / 2 žlice pirea od rajčice (pasta)
30 ml / 2 žlice hoisin umaka
10 ml / 2 žličice vinskog octa
prstohvat smeđeg šećera

Stavite patku u zdjelu. Pomiješajte pet začina u prahu, soja umak i sezamovo ulje, prelijte patku i marinirajte 2 sata uz povremeno miješanje. Zagrijte ulje i pecite patku 8 minuta. Izvadite iz posude. Dodajte celer i voće i pržite 5 minuta.

Vratite patku u tavu s ostalim sastojcima, prokuhajte i kuhajte uz miješanje 2 minute prije posluživanja.

Pečena patka s kineskim lišćem

za 4 osobe

1 patka

30 ml / 2 žlice rižinog vina ili suhog šerija

30 ml / 2 žlice hoisin umaka

15 ml / 1 žlica kukuruznog brašna (kukuruzni škrob)

5 ml / 1 žličica soli

5 ml / 1 žličica šećera

60 ml / 4 žlice ulja od kikirikija

4 mladog luka (zeleni luk), nasjeckanog

2 češnja protisnutog češnjaka

1 kriška korijena đumbira, nasjeckana

75 ml / 5 žlica soja umaka

600 ml / 1 bod / 2½ čaše vode

225 g kineskog lišća, nasjeckanog

Patku narežite na otprilike 6 komada. Pomiješajte vino ili sherry, hoisin umak, kukuruzni škrob, sol i šećer i premažite patku. Ostavite da odstoji 1 sat. Zagrijte ulje i popržite mladi luk, češnjak i đumbir par sekundi. Dodajte patku i pržite dok lagano ne porumeni sa svih strana. Ocijedite višak ulja. Ulijte soja umak i vodu, zakuhajte, poklopite i kuhajte oko 30 minuta. Dodajte kineske listove, ponovno poklopite i kuhajte još 30 minuta dok patka ne omekša.

pijana patka

za 4 osobe

2 zelena luka (majka), nasjeckana
2 češnja nasjeckanog češnjaka
1,5 l / 2½ boda / 6 čaša vode
1 patka
450 ml / ¾ pt / 2 šalice rižinog vina ili suhog šerija

Vlasac, češnjak i vodu stavite u veliki lonac i zakuhajte. Dodajte patku, ponovno prokuhajte, poklopite i kuhajte 45 minuta. Dobro ocijedite, a tekućinu ostavite za juhu. Ostavite patku da se ohladi, a zatim je ostavite u hladnjaku preko noći. Patku narežite na komade i stavite u veliku staklenku s navojem. Prelijte vinom ili šerijem i ostavite u hladnjaku oko 1 tjedan prije nego što procijedite i poslužite hladno.

pet začina patka

za 4 osobe

150 ml / ¼ pt / izdašne ½ šalice rižinog vina ili suhog šerija
150 ml / ¼ pt / izdašne ½ šalice soja umaka
1 patka
10 ml / 2 žličice pet začina u prahu

Zakuhajte vino ili šeri i sojin umak. Dodajte patku i kuhajte, okrećući, oko 5 minuta. Izvadite patku iz tave i utrljajte prah od pet začina na kožu. Vratite pticu u posudu i dodajte toliko vode da napola prekrije patku. Zakuhajte, poklopite i kuhajte na laganoj vatri dok patka ne omekša, otprilike 1 1/2 sat, često okrećući i podlijevajući. Patku prerežite na 2 dijela/5 cm i poslužite toplu ili hladnu.

Patka pečena na tavi s đumbirom

za 4 osobe

1 patka
2 kriške korijena đumbira, naribanog
2 zelena luka (majka), nasjeckana
15 ml / 1 žlica kukuruznog brašna (kukuruzni škrob)
30 ml / 2 žlice soja umaka
30 ml / 2 žlice rižinog vina ili suhog šerija
2,5 ml / ½ žličice soli
45 ml / 3 žlice ulja od kikirikija (kikiriki)

Meso odvojite od kostiju i narežite na komade. Meso pomiješajte sa svim ostalim sastojcima osim ulja. Ostavite da odstoji 1 sat. Zagrijte ulje i pecite patku u marinadi dok patka ne omekša, oko 15 minuta.

Patka sa šunkom i porilukom

za 4 osobe

1 patka

450 g / lb dimljene šunke

2 poriluka

2 kriške nasjeckanog korijena đumbira

45 ml / 3 žlice rižinog vina ili suhog šerija

45 ml / 3 žlice soja umaka

2,5 ml / ½ žličice soli

Stavite patku u lonac i prelijte samo hladnom vodom. Pustite da zavrije, poklopite i kuhajte na laganoj vatri oko 20 minuta. Ocijedite i sačuvajte 450 ml / ¾ točke / 2 šalice vode. Pustite da se patka malo ohladi, zatim odvojite meso od kostiju i narežite na kvadrate od 5 cm. Šunku narežite na slične komade. Izrežite duge komade poriluka, a krišku patke i šunke zamotajte u lim i zavežite koncem. Stavite u posudu otpornu na toplinu. U ostavljenu juhu dodajte đumbir, vino ili sherry, soja umak i sol te prelijte pačje rolice. Stavite zdjelu u lonac s vodom, tako da do dvije trećine bude postavljena do stijenki zdjele. Zakuhajte, poklopite i kuhajte na laganoj vatri dok patka ne omekša, oko 1 sat.

pečena patka s medom

za 4 osobe

1 patka

sol

3 češnja češnjaka, zgnječena

3 mlada luka, nasjeckana

45 ml / 3 žlice soja umaka

45 ml / 3 žlice rižinog vina ili suhog šerija

45 ml / 3 žlice meda

200 ml / 7 fl oz / manje od 1 šalice kipuće vode

Patku osušite i natrljajte solju iznutra i izvana. Umiješajte češnjak, mladi luk, sojin umak i vino ili šeri, a zatim podijelite smjesu na pola. Med podijelite na pola i namažite patku te ostavite da se osuši. Dodajte vodu preostaloj smjesi meda. Ulijte smjesu soja umaka u šupljinu patke i stavite je na rešetku u tavi za pečenje s malo vode na dnu. Pecite u prethodno zagrijanoj pećnici na 180°C/350°F/plinska oznaka 4 oko 2 sata dok patka ne omekša, premažući je preostalom mješavinom meda tijekom pečenja.

mokra pečena patka

za 4 osobe

6 mladog luka (mladi luk), nasjeckanog

2 kriške nasjeckanog korijena đumbira

1 patka

2,5 ml / ½ žličice mljevenog anisa

15 ml / 1 žlica šećera

45 ml / 3 žlice rižinog vina ili suhog šerija

60 ml / 4 žlice soja umaka

250 ml / 8 fl oz / 1 čaša vode

Stavite polovicu mladog luka i đumbira u veliku tavu s debelim dnom. Ostatak stavite u šupljinu patke i dodajte u tepsiju. Dodajte sve preostale sastojke osim hoisin umaka, zakuhajte, poklopite i kuhajte oko 1 1/2 sat, povremeno okrećući. Izvadite patku iz posude i ostavite da se suši oko 4 sata.

Stavite patku na rešetku u posudu za pečenje napunjenu s malo hladne vode. Pecite u prethodno zagrijanoj pećnici na 230°C/450°F/plinska oznaka 8 15 minuta, zatim okrenite i pecite još 10 minuta dok ne postane hrskavo. U međuvremenu zagrijte sačuvanu tekućinu i prelijte patku za posluživanje.

Pečena patka sa gljivama

za 4 osobe

1 patka
75 ml / 5 žlica ulja od kikirikija (kikiriki)
45 ml / 3 žlice rižinog vina ili suhog šerija
15 ml / 1 žlica sojinog umaka
15 ml / 1 žlica šećera
5 ml / 1 žličica soli
prstohvat papra
2 češnja protisnutog češnjaka
225g/8oz gljiva, prepolovljenih
600 ml / 1 pt / 2½ šalice pileće juhe
15 ml / 1 žlica kukuruznog brašna (kukuruzni škrob)
30 ml / 2 žlice vode
5 ml / 1 žličica sezamovog ulja

Patku narežite na 2 dijela / 5 cm, zagrijte 45 ml / 3 žlice ulja i pržite patku dok lagano ne porumeni sa svih strana. Dodajte vino ili šeri, sojin umak, šećer, sol i papar i kuhajte 4 minute. Izvadite iz posude. Zagrijte preostalo ulje i popržite češnjak dok lagano ne porumeni. Dodajte gljive i miješajte dok se ne prekriju uljem, a zatim vratite smjesu s patkom u tavu i dodajte temeljac. Zakuhajte, poklopite i kuhajte na laganoj vatri dok patka ne omekša, oko 1 sat. Kukuruzno brašno i vodu pomiješajte dok ne dobijete pastu, zatim je dodajte u smjesu i kuhajte uz miješanje dok se umak ne zgusne. Po vrhu pokapajte sezamovo ulje i poslužite.

patka s dvije gljive

za 4 osobe

6 suhih kineskih gljiva

1 patka

750 ml / 1¼ bodova / 3 šalice pileće juhe

45 ml / 3 žlice rižinog vina ili suhog šerija

5 ml / 1 žličica soli

100g/4oz izdanaka bambusa, narezanih na trakice

100g / 4oz gljiva

Gljive namočite u toploj vodi 30 minuta, zatim ocijedite. Odbacite peteljke i prepolovite vrhove. Stavite patku u veliku zdjelu otpornu na toplinu s temeljcem, vinom ili šerijem i solju, a zatim je stavite u lonac napunjen vodom, dvije trećine visine do stijenki zdjele. Zakuhajte, poklopite i kuhajte na laganoj vatri dok patka ne omekša, oko 2 sata. Izvadite iz posude i odvojite meso od kostiju. Premjestite tekućinu od kuhanja u zasebnu posudu. Na dno posude za kuhanje na pari stavite izdanke bambusa i obje vrste gljiva, zamijenite pačjim mesom, poklopite i kuhajte na pari još 30 minuta. Tekućinu od kuhanja zakuhajte i prelijte patku za posluživanje.

Pečena patka s lukom

za 4 osobe

4 sušene kineske gljive

1 patka

90 ml / 6 žlica soja umaka

60 ml / 4 žlice ulja od kikirikija

1 mladi luk (mladi luk), nasjeckan

1 kriška korijena đumbira, nasjeckana

45 ml / 3 žlice rižinog vina ili suhog šerija

1 funta/450 g luka, narezanog na ploške

100g / 4oz mladica bambusa, narezanih

15 ml / 1 žlica smeđeg šećera

15 ml / 1 žlica kukuruznog brašna (kukuruzni škrob)

45 ml / 3 žlice vode

Gljive namočite u toploj vodi 30 minuta, zatim ocijedite. Bacite peteljke i odrežite vrhove. Premažite patku s 15 ml / 1 žlica soja umaka. Sačuvajte 15 ml / 1 žličicu ulja, zagrijte preostalo ulje i pržite mladi luk i đumbir dok lagano ne porumene. Dodajte patku i pržite dok lagano ne porumeni sa svih strana. Eliminira višak masnoće. U tavu dodajte vino ili sherry, preostali soja umak i dovoljno vode da gotovo prekrije patku. Zakuhajte, poklopite i kuhajte na laganoj vatri 1 sat uz povremeno okretanje.

Zagrijte sačuvano ulje i pržite luk dok ne omekša. Maknite s vatre i dodajte izdanke bambusa i gljive, zatim dodajte patku, poklopite i kuhajte još 30 minuta dok patka ne omekša. Patku izvadite iz posude, narežite na komade i stavite na topli tanjur za posluživanje. Tekućine u loncu zakuhajte, dodajte šećer i kukuruzni škrob te uz miješanje kuhajte dok smjesa ne zakipi i ne zgusne se. Za posluživanje prelijte patku.

patka s narančom

za 4 osobe

1 patka
3 mladog luka (zeleni luk), narezana na komade
2 kriške korijena đumbira, narezane na trakice
1 kriška narančine kore
sol i svježe mljeveni crni papar

Stavite patku u veliki lonac, prelijte vodom i pustite da prokuha. Dodajte mladi luk, đumbir i koricu naranče, poklopite i kuhajte dok patka ne omekša, oko 1 1/2 sat. Začinite solju i paprom, ocijedite i poslužite.

pečena patka s narančom

za 4 osobe

1 patka
2 režnja češnjaka, prepolovljena
45 ml / 3 žlice ulja od kikirikija (kikiriki)
1 luk
1 naranča
120 ml / 4 fl oz / ½ šalice rižinog vina ili suhog šerija
2 kriške nasjeckanog korijena đumbira
5 ml / 1 žličica soli

Natrljajte patku češnjakom iznutra i izvana, zatim premažite uljem. Oguljeni luk probodite vilicom, zajedno s neoguljenom narančom ubodite u šupljinu patke i zatvorite ražnjićem. Stavite patku na rešetku iznad posude za pečenje napunjene s malo vruće vode i pecite u prethodno zagrijanoj pećnici na 160°C/325°F/plinska oznaka 3 oko 2 sata. Odbacite tekućinu i vratite patku u posudu za pečenje. Zalijte vinom ili šerijem i pospite đumbirom i soli. Vratite u pećnicu na još 30 minuta. Odbacite luk i naranču i narežite patku na komade za posluživanje. Prelijte patku sokom iz tave za posluživanje.

Patka s kruškama i kestenima

za 4 osobe

8 oz/225 g kestena, oljuštenih

1 patka

45 ml / 3 žlice ulja od kikirikija (kikiriki)

250 ml / 8 tečnih oz / 1 šalica pileće juhe

45 ml / 3 žlice soja umaka

15 ml / 1 žlica rižinog vina ili suhog šerija

5 ml / 1 žličica soli

1 kriška korijena đumbira, nasjeckana

1 veća kruška oguljena i narezana na deblje ploške

15 ml / 1 žlica šećera

Prokuhajte kestene 15 minuta i ocijedite. Patku nasjeckajte na 5 cm/2 komada, zagrijte ulje i pržite patku dok lagano ne porumeni sa svih strana. Ocijedite sav višak masnoće, zatim dodajte juhu, sojin umak, vino ili šeri, sol i đumbir. Pustite da zavrije, poklopite i kuhajte 25 minuta uz povremeno miješanje. Dodajte kestene, poklopite i kuhajte još 15 minuta. Pospite šećer preko krušaka, dodajte u tavu i kuhajte dok se ne zagriju, oko 5 minuta.

pekinška patka

za 6

1 patka
250 ml / 8 fl oz / 1 čaša vode
120 ml / 4 fl oz / ½ šalice meda
120 ml / 4 fl oz / ½ šalice sezamovog ulja
Za palačinke:
250 ml / 8 fl oz / 1 čaša vode
225 g / 8 oz / 2 šalice glatkog brašna (višenamjenskog)
ulje od kikirikija za prženje

Za umake:

120 ml / 4 fl oz / ½ šalice hoisin umaka
30 ml / 2 žlice smeđeg šećera
30 ml / 2 žlice soja umaka
5 ml / 1 žličica sezamovog ulja
6 mladog luka (mladi luk), narezanih po dužini
1 krastavac narezan na trakice

Patka mora biti cijela s netaknutom kožom. Vrat čvrsto zavežite koncem i donji otvor zašijte ili provucite koncem. Napravite mali prorez sa strane vrata, umetnite slamku i upuhujte zrak ispod kože dok ne nabubri. Objesite patku u lavor i ostavite da odstoji 1 sat.

Zakuhajte lonac s vodom, dodajte patku i kuhajte 1 minutu, zatim je izvadite i dobro osušite. Prokuhajte vodu i dodajte med. Utrljajte smjesu preko kože patke dok ne postane zasićena. Patku objesite iznad zdjele na hladnom i prozračnom mjestu dok se kožica ne stvrdne, oko 8 sati.

Objesite patku ili je stavite na rešetku iznad posude za pečenje i pecite u prethodno zagrijanoj pećnici na 180°C/350°F/plinska oznaka 4 oko 1½ sata, redovito podlijevajući sezamovim uljem.

Za izradu palačinki prokuhajte vodu, pa postupno dodajte brašno. Lagano mijesite tijesto dok ne postane mekano, pokrijte ga vlažnom krpom i ostavite da odstoji 15 minuta. Valjkom za tijesto na pobrašnjenoj površini oblikujte dugi valjak. Izrežite na kriške od 2,5 cm / 1 in, zatim spljoštite na oko 5 mm / ¼ debljine i premažite vrh uljem. Slažite ih u parove, tako da se nauljene površine dodiruju i lagano pospite brašnom. Razvaljajte u paru oko 10 cm/4 inča u širinu i pecite u paru dok ne porumene, oko 1 minutu sa svake strane. Odvojite i složite dok ne budete spremni za posluživanje.

Umak pripremite tako da pola hoisin umaka pomiješate sa šećerom, a ostatak sa soja umakom i sezamovim uljem.

Patku izvadite iz pećnice, odrežite kožu i narežite na kvadrate, a meso na kockice. Rasporedite na pojedinačne tanjure i poslužite s palačinkama, umakom i ukrasima.

Kuhana patka s ananasom

za 4 osobe

1 patka
400 g / 14 oz konzerviranih komadića ananasa u sirupu
45 ml / 3 žlice soja umaka
5 ml / 1 žličica soli
prstohvat svježe mljevenog papra

Patku stavite u lonac s debljim dnom, prelijte vodom, zakuhajte pa poklopite i kuhajte 1 sat. Sirup od ananasa ulijte u tavu sa sojinim umakom, posolite i popaprite, poklopite i kuhajte još 30 minuta. Dodajte komadiće ananasa i kuhajte još 15 minuta dok patka ne omekša.

Patka na soju s ananasom

za 4 osobe

1 patka
45 ml / 3 žlice kukuruznog brašna (kukuruzni škrob)
45 ml / 3 žlice soja umaka
225 g/8 oz konzerviranog ananasa u sirupu
45 ml / 3 žlice ulja od kikirikija (kikiriki)
2 kriške korijena đumbira, narezane na trakice
15 ml / 1 žlica rižinog vina ili suhog šerija
5 ml / 1 žličica soli

Meso odvojite od kostiju i narežite na komade. Pomiješajte sojin umak s 30 ml/2 žlice kukuruznog brašna i umiješajte u patku dok se dobro ne prekrije. Ostavite da odstoji 1 sat, povremeno miješajući. Ananas i sirup zdrobite i lagano zagrijte u tavi. Preostalo kukuruzno brašno pomiješajte s malo vode, dodajte u lonac i kuhajte na laganoj vatri miješajući dok se umak ne zgusne. Ostati na toplom. Zagrijte ulje i pržite đumbir dok lagano ne porumeni, a zatim ga bacite. Dodajte patku i pržite dok lagano ne porumeni sa svih strana. Dodajte vino ili sherry i posolite te pecite još nekoliko minuta dok patka ne bude pečena. Patku stavite na zagrijani tanjur za posluživanje, prelijte je umakom i odmah poslužite.

ananas đumbir patka

za 4 osobe

1 patka

100 g/4 oz konzerviranog đumbira u sirupu

200 g konzerviranog ananasa u sirupu

5 ml / 1 žličica soli

15 ml / 1 žlica kukuruznog brašna (kukuruzni škrob)

30 ml / 2 žlice vode

Stavite patku u zdjelu otpornu na toplinu i stavite je iznad posude s vodom dok ne dosegne dvije trećine stijenki zdjele. Zakuhajte, poklopite i kuhajte na laganoj vatri dok patka ne omekša, oko 2 sata. Izvadite patku i ostavite da se malo ohladi. Skinite kožu i kost pa patku narežite na komade. Složite na tanjur za posluživanje i držite na toplom.

Ulijte sirup od đumbira i ananasa u lonac, dodajte sol, kukuruzno brašno i vodu. Pustite da zavrije, promiješajte i uz miješanje kuhajte nekoliko minuta dok se umak ne razrijedi i zgusne. Dodajte đumbir i ananas, promiješajte i prelijte preko patke za posluživanje.

Patka s ananasom i ličijem

za 4 osobe

4 pačja prsa

15 ml / 1 žlica sojinog umaka

1 klinčić zvjezdastog anisa

1 kriška korijena đumbira

ulje od kikirikija za prženje

90 ml / 6 žlica vinskog octa

100 g / 4 oz / ½ šalice smeđeg šećera

250 ml / 8 tečnih oz / ½ šalice pileće juhe

15 ml / 1 žlica umaka od rajčice (ketchup)

200 g konzerviranog ananasa u sirupu

15 ml / 1 žlica kukuruznog brašna (kukuruzni škrob)

6 konzerviranih ličija

6 višanja maraskina

Stavite patku, sojin umak, anis i đumbir u lonac i prelijte hladnom vodom. Zakuhajte, procijedite, zatim poklopite i kuhajte dok se patka ne skuha, oko 45 minuta. Ocijedite i osušite. Pržiti na vrelom ulju dok ne porumene.

U međuvremenu u lonac stavite vinski ocat, šećer, temeljac, umak od rajčice i 30 ml/2 žlice sirupa od ananasa, zakuhajte i kuhajte oko 5 minuta dok se ne zgusne. Za posluživanje dodajte voće i zagrijte prije nego što prelijete preko patke.

Patka sa svinjetinom i kestenjem

za 4 osobe

6 suhih kineskih gljiva

1 patka

8 oz/225 g kestena, oljuštenih

225g/8oz nemasne svinjetine, narezane na kockice

3 mlada luka, nasjeckana

1 kriška korijena đumbira, nasjeckana

250 ml / 8 tečnih oz / 1 šalica soja umaka

900 ml / 1½ bodova / 3¾ čaše vode

Gljive namočite u toploj vodi 30 minuta, zatim ocijedite. Bacite peteljke i odrežite vrhove. Stavite u veliku tavu sa svim preostalim sastojcima, zakuhajte, poklopite i pirjajte dok se patka ne skuha, oko 1 1/2 sat.

patka s krumpirom

za 4 osobe

75 ml / 5 žlica ulja od kikirikija (kikiriki)
1 patka
3 češnja češnjaka, zgnječena
30 ml / 2 žlice umaka od crnog graha
10 ml / 2 žličice soli
1,2 l / 2 boda / 5 čaša vode
2 poriluka narezana na deblje
15 ml / 1 žlica šećera
45 ml / 3 žlice soja umaka
60 ml / 4 žlice rižinog vina ili suhog šerija
1 klinčić zvjezdastog anisa
900 g / 2 lb krumpira, debelo narezanog na ploške
½ glavice kineskog lišća
15 ml / 1 žlica kukuruznog brašna (kukuruzni škrob)
30 ml / 2 žlice vode
plosnati list grančica peršina

Zagrijte 60 ml / 4 žlice ulja i pržite patku dok ne porumeni sa svih strana. Zavežite ili zašijte kraj vrata i stavite patku s vratom prema dolje u duboku zdjelu. Zagrijte preostalo ulje i popržite češnjak dok lagano ne porumeni. Dodajte umak od crnog graha i sol te pržite 1 minutu. Dodajte vodu, poriluk, šećer, sojin umak, vino ili sherry i zvjezdasti anis te pustite da zavrije. Ulijte 120 ml / 8 tečnih oz / 1 šalicu mješavine u pačju šupljinu i zavežite ili zašijte da pričvrstite. Ostatak smjese zakuhajte u tavi. Dodajte patku i krumpir, poklopite i kuhajte 40 minuta, okrećući patku jednom. Posložite kineske listove na tanjur za posluživanje. Patku izvadite iz tave, narežite je na 5 cm / 2 komada i stavite na tanjur za posluživanje s krumpirom. Pomiješajte kukuruzno brašno i vodu dok ne dobijete pastu, stavite u lonac i kuhajte na laganoj vatri, miješajući dok se umak ne zgusne.

Crvena kuhana patka

za 4 osobe

1 patka
4 mladog luka (zeleni luk), narezana na komade
2 kriške korijena đumbira, narezane na trakice
90 ml / 6 žlica soja umaka
45 ml / 3 žlice rižinog vina ili suhog šerija
10 ml / 2 žličice soli
10 ml / 2 žličice šećera

Stavite patku u tešku tavu, samo je prekrijte vodom i pustite da prokuha. Dodajte vlasac, đumbir, vino ili šeri i sol, poklopite i pirjajte oko 1 sat. Dodajte šećer i kuhajte još 45 minuta dok patka ne omekša. Patku narežite, stavite na tanjur za posluživanje i poslužite toplu ili hladnu, sa ili bez umaka.

Pečena patka u vinu od riže

za 4 osobe

1 patka
500 ml / 14 tečnih oz / 1¾ šalice rižinog vina ili suhog šerija
5 ml / 1 žličica soli
45 ml / 3 žlice soja umaka

Stavite patku u tavu s debelim dnom sa šerijem i soli, zakuhajte, poklopite i kuhajte na laganoj vatri 20 minuta. Patku ocijedite, ostavite tekućinu i natrljajte soja umakom. Stavite na rešetku u posudu za pečenje napunjenu s malo vruće vode i pecite u prethodno zagrijanoj pećnici na 180°C / 350°F / plinska oznaka 4 oko 1 sat, povremeno prelijevajući sa sačuvanom vinskom tekućinom.

Patka kuhana na pari s rižinim vinom

za 4 osobe

1 patka
4 mlada luka (mladi luk), prepolovljena
1 kriška korijena đumbira, nasjeckana
250 ml / 8 tečnih oz / 1 šalica rižinog vina ili suhog šerija
30 ml / 2 žlice soja umaka
prstohvat soli

Patku kuhajte u kipućoj vodi 5 minuta i ocijedite. Stavite u vatrostalnu zdjelu s preostalim sastojcima. Stavite zdjelu u lonac s vodom, tako da do dvije trećine bude postavljena do stijenki zdjele. Zakuhajte, poklopite i kuhajte na laganoj vatri dok patka ne omekša, oko 2 sata. Odbacite vlasac i đumbir prije posluživanja.

usoljena patka

za 4 osobe

45 ml / 3 žlice ulja od kikirikija (kikiriki)
4 pačja prsa
3 mlada luka (mladi luk), narezana na ploške
2 češnja protisnutog češnjaka
1 kriška korijena đumbira, nasjeckana
250 ml / 8 tečnih oz / 1 šalica soja umaka
30 ml / 2 žlice rižinog vina ili suhog šerija
30 ml / 2 žlice smeđeg šećera
5 ml / 1 žličica soli
450 ml / ¾ točke / 2 čaše vode
15 ml / 1 žlica kukuruznog brašna (kukuruzni škrob)

Zagrijte ulje i pržite pačja prsa dok ne porumene. Dodajte vlasac, češnjak i đumbir te pržite 2 minute. Dodajte soja umak, vino ili šeri, šećer i sol i dobro promiješajte. Dodajte vodu, zakuhajte, poklopite i kuhajte dok meso ne omekša, oko 1 1/2 sat. Kukuruzno brašno pomiješajte s malo vode, dodajte u tavu i kuhajte na laganoj vatri miješajući dok se umak ne zgusne.

Slana patka sa zelenim grahom

za 4 osobe

45 ml / 3 žlice ulja od kikirikija (kikiriki)
4 pačja prsa
3 mlada luka (mladi luk), narezana na ploške
2 češnja protisnutog češnjaka
1 kriška korijena đumbira, nasjeckana
250 ml / 8 tečnih oz / 1 šalica soja umaka
30 ml / 2 žlice rižinog vina ili suhog šerija
30 ml / 2 žlice smeđeg šećera
5 ml / 1 žličica soli
450 ml / ¾ točke / 2 čaše vode
225 g / 8 unci zelenog graha
15 ml / 1 žlica kukuruznog brašna (kukuruzni škrob)

Zagrijte ulje i pržite pačja prsa dok ne porumene. Dodajte vlasac, češnjak i đumbir te pržite 2 minute. Dodajte soja umak, vino ili šeri, šećer i sol i dobro promiješajte. Dodajte vodu, zakuhajte, poklopite i kuhajte oko 45 minuta. Dodajte grah, poklopite i kuhajte još 20 minuta. Kukuruzno brašno pomiješajte s malo vode, dodajte u tavu i kuhajte na laganoj vatri miješajući dok se umak ne zgusne.

sporo kuhana patka

za 4 osobe

1 patka

50 g / 2 oz / ½ šalice kukuruznog brašna (kukuruzni škrob)

Ulje za prženje

2 češnja protisnutog češnjaka

30 ml / 2 žlice rižinog vina ili suhog šerija

30 ml / 2 žlice soja umaka

5 ml / 1 žličica naribanog korijena đumbira

750 ml / 1¼ bodova / 3 šalice pileće juhe

4 sušene kineske gljive

225g / 8oz mladica bambusa, narezanih

225g/8oz vodenih kestena, narezanih

10 ml / 2 žličice šećera

prstohvat papra

5 mladog luka (mladi luk), narezanog na ploške

Patku narežite na male komadiće. Sačuvajte 30 ml / 2 žlice kukuruznog brašna i prekrijte patku preostalim kukuruznim brašnom. Uklonite višak pudera. Zagrijte ulje i popržite češnjak i patku dok lagano ne porumene. Izvaditi iz posude i ocijediti na kuhinjskom papiru. Stavite patku u veliki pleh.

Pomiješajte vino ili sherry, 15 ml / 1 žlicu soja umaka i đumbir. Dodajte u tavu i kuhajte na jakoj vatri 2 minute. Dodajte pola juhe, zakuhajte, poklopite i kuhajte dok patka ne omekša, oko 1 sat.

Za to vrijeme gljive namočite u toploj vodi 30 minuta, zatim ih ocijedite. Bacite peteljke i odrežite vrhove. Patki dodajte gljive, mladice bambusa i kestene i kuhajte 5 minuta uz često miješanje. Uklonite ulje iz tekućine. Pomiješajte preostalu juhu, kukuruznu krupicu i sojin umak sa šećerom i crnim paprom i promiješajte u tavi. Pustite da prokuha, promiješajte i kuhajte dok se umak ne zgusne, oko 5 minuta. Prebacite u toplu zdjelu za posluživanje i poslužite ukrašeno vlascem.

pirjana patka

za 4 osobe

1 bjelanjak, lagano tučen

20 ml / 1½ žlice kukuruznog brašna (kukuruzni škrob)

sol

450 g pačjih prsa, tanko narezanih

45 ml / 3 žlice ulja od kikirikija (kikiriki)

2 mlada luka (mladi luk), narezana na trakice

1 zelena paprika narezana na trakice

5 ml / 1 žličica rižinog vina ili suhog šerija

75 ml / 5 žlica pileće juhe

2,5 ml / ½ žličice šećera

Istucite bjelanjak sa 15 ml / 1 žlicom kukuruznog brašna i prstohvatom soli. Dodajte narezanu patku i miješajte dok se patka ne prekrije. Zagrijte ulje i pržite patku dok ne bude pečena i porumeni. Izvadite patku iz posude i ocijedite sve osim 30 ml / 2 žlice masti. Dodajte mladi luk i papriku i pržite 3 minute. Dodajte vino ili šeri, temeljac i šećer i pustite da zavrije. Preostalo kukuruzno brašno pomiješajte s malo vode, dodajte u umak i kuhajte uz miješanje dok se umak ne zgusne. Dodajte patku, zagrijte i poslužite.

patka sa slatkim krumpirom

za 4 osobe

1 patka
250 ml / 8 fl oz / 1 šalica maslaca od kikirikija (kikiriki)
8 unci/225 g slatkog krumpira, oguljenog i narezanog na kockice
2 češnja protisnutog češnjaka
1 kriška korijena đumbira, nasjeckana
2,5 ml / ½ žličice cimeta
2,5 ml / ½ žličice mljevenog klinčića
prstohvat mljevenog anisa
5 ml / 1 žličica šećera
15 ml / 1 žlica sojinog umaka
250 ml / 8 tečnih oz / 1 šalica pileće juhe
15 ml / 1 žlica kukuruznog brašna (kukuruzni škrob)
30 ml / 2 žlice vode

Patku nasjeckajte na 5 cm/2 komada, zagrijte ulje i pržite krumpir dok ne porumeni. Izvadite iz posude i ocijedite sve osim 30 ml / 2 žlice ulja. Dodajte češnjak i đumbir te pržite 30 sekundi. Dodajte patku i pržite dok lagano ne porumeni sa svih strana. Dodajte začine, šećer, sojin umak i vodu te pustite da zavrije. Dodajte krumpir, poklopite i kuhajte dok patka ne omekša, oko 20 minuta. Kukuruzno brašno i vodu pomiješajte u pastu pa dodajte u tavu i kuhajte uz miješanje dok se umak ne zgusne.

slatko-kisela patka

za 4 osobe

1 patka

1,2 lt / 2 boda / 5 šalica pileće juhe

2 luka

2 mrkve

2 režnja češnjaka, narezana na ploške

15 ml / 1 žlica začina za kiseljenje

10 ml / 2 žličice soli

10 ml / 2 žličice ulja od kikirikija

6 mladog luka (mladi luk), nasjeckanog

1 mango, oguljen i narezan na kockice

12 ličija, prepolovljenih

15 ml / 1 žlica kukuruznog brašna (kukuruzni škrob)

15 ml / 1 žlica vinskog octa

10 ml / 2 žličice pirea od rajčice (pasta)

15 ml / 1 žlica sojinog umaka

5 ml / 1 žličica pet začina u prahu

300 ml / ½ pt / 1¼ šalice pileće juhe

Stavite patku u košaru za kuhanje na pari iznad lonca s juhom, lukom, mrkvom, češnjakom, kiselim krastavcima i soli. Poklopite i kuhajte na pari 2 1/2 sata. Ohladite patku, poklopite i ostavite da se hladi 6 sati. Meso odvojiti od kostiju i narezati na kockice. Zagrijte ulje i popržite patku i vlasac dok ne postanu hrskavi. Dodajte ostale sastojke, zakuhajte i kuhajte uz miješanje dok se umak ne zgusne, 2 minute.

patka mandarina

za 4 osobe

1 patka

60 ml / 4 žlice ulja od kikirikija

1 sušena kora mandarine

900 ml / 1½ bodova / 3¾ šalice pileće juhe

5 ml / 1 žličica soli

Ostavite patku da se suši 2 sata. Zagrijte pola ulja i pržite patku dok ne porumeni. Prebacite u veliku zdjelu otpornu na toplinu. Zagrijte preostalo ulje i pržite koru mandarine 2 minute pa je ubacite u patku. Patku prelijte juhom i posolite. Stavite zdjelu na rešetku u aparatu za kuhanje na pari, poklopite i kuhajte na pari dok patka ne omekša, oko 2 sata.

patka s povrćem

za 4 osobe

1 velika patka izrezana na 16 komada

sol

300 ml / ½ točke / 1¼ čaše vode

300 ml / ½ pt / 1¼ šalice suhog bijelog vina

120 ml / 4 fl oz / ½ šalice vinskog octa

45 ml / 3 žlice soja umaka
30 ml / 2 žlice umaka od šljiva
30 ml / 2 žlice hoisin umaka
5 ml / 1 žličica pet začina u prahu
6 mladog luka (mladi luk), nasjeckanog
2 nasjeckane mrkve
5 cm/2 nasjeckane bijele rotkvice
50 g bok choya, nasjeckanog
svježi crni papar
5 ml / 1 žličica šećera

Komade patke stavite u zdjelu, pospite solju i dodajte vodu i vino. Dodajte vinski ocat, sojin umak, umak od šljiva, hoisin umak i prah od pet začina, zakuhajte, poklopite i kuhajte oko 1 sat. Dodajte povrće u tavu, skinite poklopac i kuhajte još 10 minuta. Začinite solju, paprom i šećerom i ostavite da se ohladi. Pokrijte i stavite u hladnjak preko noći. Odrežite masnoću, pa ponovno zagrijavajte patku u umaku 20 minuta.

Patka na soju s povrćem

za 4 osobe

4 sušene kineske gljive

1 patka

10 ml / 2 žličice kukuruznog brašna (kukuruzni škrob)

15 ml / 1 žlica sojinog umaka

45 ml / 3 žlice ulja od kikirikija (kikiriki)

100g/4oz izdanaka bambusa, narezanih na trakice

50g/2oz vodenog kestena, narezanog na trakice

120 ml / 4 fl oz / ½ šalice pileće juhe

15 ml / 1 žlica rižinog vina ili suhog šerija

5 ml / 1 žličica soli

Gljive namočite u toploj vodi 30 minuta, zatim ocijedite. Odbacite peteljke i narežite vrhove na kockice. Meso odvojite od kostiju i narežite na komade. Pomiješajte kukuruzno brašno i sojin umak, dodajte u pačje meso i ostavite da odstoji 1 sat. Zagrijte ulje i pržite patku dok lagano ne porumeni sa svih strana. Izvadite iz posude. U tavu dodajte gljive, izdanke bambusa i kestene i kuhajte 3 minute. Dodajte juhu, vino ili sherry i sol, pustite da zavrije i kuhajte 3 minute. Vratite patku u tavu, poklopite i kuhajte još 10 minuta dok patka ne omekša.

Bijela Pečena Patka

za 4 osobe

1 kriška korijena đumbira, nasjeckana
250 ml / 8 tečnih oz / 1 šalica rižinog vina ili suhog šerija
sol i svježe mljeveni crni papar
1 patka
3 mlada luka, nasjeckana
5 ml / 1 žličica soli
100g / 4oz mladica bambusa, narezanih
100g/4oz dimljene šunke, narezane na kriške

Pomiješajte đumbir, 15 ml / 1 žlica vina ili šerija, malo soli i papra. Namažite ga na patku i ostavite 1 sat. Stavite pticu s marinadom u posudu s debelim dnom i dodajte mladi luk i sol. Dodajte dovoljno hladne vode da pokrije patku, pustite da zavrije, poklopite i kuhajte dok patka ne omekša, oko 2 sata. Dodajte mladice bambusa i šunku te kuhajte još 10 minuta.

patka s vinom

za 4 osobe

1 patka
15 ml / 1 žlica umaka od žutog graha
1 narezani luk
1 boca suhog bijelog vina

Natrljajte patku iznutra i izvana umakom od žutog graha. Stavite luk unutar udubljenja. Zakuhajte vino u velikom loncu, dodajte patku, ponovno zakuhajte, poklopite i kuhajte dok patka ne omekša, oko 3 sata. Ocijedite i narežite na kriške za posluživanje.

www.ingramcontent.com/pod-product-compliance
Lightning Source LLC
Chambersburg PA
CBHW050151130526
44591CB00033B/1255